スポーツ・アイデンティティ

SID

どのスポーツを選ぶかで人生は決まる

田崎健太
Kenta Tazaki

太田出版

スポーツ・アイデンティティ　どのスポーツを選ぶかで人生は決まる◉目次

はじめに

人間は環境に大きく影響を受ける生物である。
粘土の塊が整形されて人形になっていくように、学生時代は同じようであっても、教師になった人間は教師の顔に、警察官は警察官の顔に、政治家は政治家の顔になっていくものだ。似合わないと思う組織に放り込まれたとしても、逃げ出さなければ、それらしくなることをぼくたちは知っている。

ノンフィクション作品において、インタビューは重要不可欠な仕事だ。野球やサッカー、格闘技といったスポーツ、プロレス、あるいは企業人、政治家、最近では医療分野に至るまで多くの人間をぼくは取材してきた。取材前、数々の資料に目を通す。ある時期から、過去に何のスポーツをやっていたのか、を意識するようになった。

人はしばしばグループ分けで個体を理解しようとする。占星術、日本に限ってではあるが血液型占いなど、である。これらには、科学的な裏付けはない。一方、スポーツ体験には、特定の環境における一定時間の蓄積という合理性がある。個人スポーツなのか、集団スポーツなのか。それを頭に入れて取材をすると、なるほどと感じることが多かった。アスリートに限らず、その人間の背骨ともいえる人格形成にスポーツの選択が関わっているのではないかと思うようになったのだ。

ぼくはそれを「スポーツ・アイデンティティ（Sports Identity）」――〝SID〟と名付けることにした。

SIDと近似のグループ分けはこれまでにも存在した。

故・野村克也はしばしば、投手出身者は監督に向かないという趣旨の発言をしてきた。サッカーにおいては背番号によってチーム内の役割が定義される。「9番」をつけるセンターフォワード、古くは釜本邦茂と「10番」のジーコの性格は明らかに違う。また、センターバックの「4番」は往々にして教師然とした人間に落ち着く。サイドバックは長友佑都のように、いじられる人間が多い。

こぼれ落ちる人間はいるにしても、一定の傾向を認めることができる。

それなりの結果を残しているアスリートは、運動能力の高さはもちろんだが、自らの意思、あるいは偶然、巡り合わせによって、自分に合ったスポーツ、ポジションを選んでいる。スポーツがその人間の核となる部分を形づくったのか。あるいは、元々そのスポーツの特性に合っていたから深くのめり込み、結果を残すことができたのか――。

「ローカルな知（local knowlege）」という主に人類学で使われる言葉がある。体系的で普遍的な「知」を求める従来の科学に対して、ある特定の領域において経験の中で見出されてきた「知」の意だ。

前者の「知」として認められるには、臨床実験のように、複数の試験者を集め条件を揃えて検証しなければならない。同じ過程を踏めば同一の結果が出るという再現性も要求される。しかし、日常生活には様々な撹乱変数が埋まっている。試験管のように一定の条件を保ち、比較分析することは不可能である。そのため、人格形成とスポーツに、強い因果関係があることは証明できない。ただし、こうした例があったと後者の「ローカルな知」として提示することは出来る。

能力は十分であったのに、〝ポジション〟を間違えたために大成しなかったという種類の元アスリートをぼくは知っている。あるいは他のスポーツを選んでいれば、才能が開花しただろうという人間もいる。この知見があれば、不幸な選択を避けることが出来るだろう。

アスリートだけの話ではない。人格形成においてスポーツが大きな役割を果たすとすれば、幼少期にどんなスポーツを与えられるかは人生の大きな選択になりうる。それは社会に出た後の人間関係の構築、組織作りとも関係があるはずだ。

個人スポーツである水泳、ゴルフ、柔道、空手、あるいは陸上競技なのか。それとも、野球、サッカー、バスケットボール、ラグビー、アメリカンフットボールといった集団スポーツなのかーー。子どもの頃のちょっとした選択は、想像以上に大きなものではないか。

かつて、日本で最も人気のあったスポーツは男子ならば野球、女子ならばバレーボールだった。近年、野球人口の落ち込みが激しい。女子に至ってはバレーボール人気の熱は残っていない。代わって、子どもたちに人気なのが、水泳、空手などである。かつて日本社会は団体スポーツーー集団スポーツのＳＩＤを必要としていた。しかし、その限界に気がつき、個に移行しつつあるという仮説も立てうる。

では、始めよう、集団スポーツと個人スポーツの違い、ＳＩＤを見極める旅をーー。

第一章

究極の個人スポーツ――マラソン

◉最初の夢はプロ野球選手

ぼくが二〇年以上前から、定期的に話を聞いている人間の一人にジーコことアルトゥール・アントゥネス・コインブラがいる。日本代表監督の指揮を執っていたとき、彼はぼくにこう言った。

「チーム作りで大切なのは信頼関係だ。サッカー選手はいつも調子がいいとは限らない。そんなときに、同じチームの選手が助けてくれる競技なんだ」

現役時代、ジーコはブラジル代表としてワールドカップに二度出場。特に八二年のスペインワールドカップではソクラテス、ファルカン、トニーニョ・セレーゾと共に〝黄金の中盤〟と称された。卓越した〝個〟が有機的に結びついたチームだった。優勝には届かなかったが、いまだに史上最高のブラジル代表の一つとされている。その一員だったジーコらしい、個人スポーツと集団スポーツの違いを端的に表現した言葉である。

逆に言えば、個人スポーツの特性とは、恃むべきものが自らの肉体と頭脳のみ。その孤独に耐えなければならないことだ。そして、孤独に晒される時間が物理的に最も長い、主たるスポーツは、四二・一九五キロを二時間強で走り抜けるマラソンだろう。

道具を必要としない徒競走は、最も原始的なスポーツである。そして子どもの頃、足が速いということは、大きな勲章となる。速く走れるか、そうでないかは、人生で最初に突きつけられる、身体的な評価でもある。

その意味で瀬古利彦は幸福な少年時代を過ごした男である。

「小さいときから走るのが得意で、運動会では負けたことがない。学校の中では断トツで速かったですね。足が速いっていうのは運動神経がいい、みたいな感じだった」

瀬古は一九五六年七月、三重県で生まれた。一〇歳と五歳離れた兄が二人いた。

「兄貴たちは速かったかどうかはわからない。二人とも野球をやっていたので、その中に入って一緒にやるわけです」

小学生時代、瀬古の心を掻き立てたのは梶原一騎原作のテレビアニメ『巨人の星』だった。主人公の星飛雄馬は、かつて読売ジャイアンツの三塁手だった父・一徹から厳しく野球を教え込まれ、野球選手としての階段を上っていく。

「テレビ観てさ、(原作漫画を連載していた)『少年マガジン』読んでさ、ああ、星飛雄馬ってすごいな、こんな選手になりたいって思っていたよ」

単純な発想だったんだよ、と大きな声で笑った。

中学校に進むと当然のように野球部に入った。

「ポジションはピッチャー。星飛雄馬もピッチャーだったしね。それはそうでしょ。野球部って結構走るんだよ。ダッシュしたり、練習終わった後に長い距離走ったり。(校内)マラソン大会とかもあるでしょ。負けたくないから、家から学校まで走ったりとか。とにかく走ることでは負けたくなかった。勉強は最初からやる気がなかった。でもスポーツで負けるのは悔しかった。俺のいいところがなくなっちゃうもの」

その図抜けた走力に目をつけられ、陸上部の助っ人として駆り出されたこともある。

中学二年生のときだ。

「運動会で速かったものだから、陸上の先生から〝ちょっと助けてくれ〟って言われたんです。その情報も何もないから、俺ってどれぐらいの資質があるんだろうって思っていたんです。そのとき、スパイクを持っていなかったの。それで八〇〇メートルを走っていた選手から借りて、二千メートルの部に出た。そうしたら市で一番になった。それで今度は県大会に出る。県で何番ぐらいなんだろうって思っていたら、一番になっちゃった」

三重県中学陸上大会の二千メートル走で六分一七秒〇という記録が残っている。

それでも瀬古の夢はプロ野球選手になることだった。

「球は速かったみたい。市の大会に行ったときに、親は〝瀬古さんの息子は金になるかもしれない〟って言われていたそうで。でもコントロールが良くなかった。球が速いと浮いちゃうんだよね」

制球難を克服するため、野球部の顧問から「お前、長距離も速いし、スタミナあるし三〇〇球投げてみなさい」と言われたという。

「月に二、三回ぐらい（三〇〇球）投げたかな。練習始まってから終わるまでずっと投げている。

キャッチャーは疲れるから交替するんだよ。それでも投げられる。スタミナがあるから」

球を受ける捕手よりも、全身を使って投げる瀬古の方が体力の消耗が激しかったはずだ。その投げ込みに耐えうる強い肉体を持っていたことが、瀬古の不幸でもあった。

中学三年生になった頃、肩に違和感を感じるようになった。

「痛くはないんだけれど、（球を投げるとき、腕が）遅れてきて上手く投げられないの。それでフォームがばらばらになっちゃった。理由はわからない。たぶん三〇〇球投げた影響だろうね。そんなに急におかしくなるっていうことは他に考えられない」

夏の大会は地区大会決勝で敗れ、県大会に進むことが出来なかった。ここで瀬古は野球に見切りをつけて、陸上の道に進むことを決意した。

「野球では頑張っても頑張っても、そんなに大した選手になれないけどさ、陸上はまともな練習もしていないのに県で一番になっている。本格的に練習したら絶対に強くなるって思ったもの」

高校駅伝の強豪校である四日市工業高校に進学すると、すぐに頭角を現した。

圧巻だったのは、高校三年生の夏である――。

福岡県で行われたインターハイ、瀬古は八〇〇メートル走、一五〇〇メートル走、五千メートル走の三種目に出場している。

「普通は三種目に出るなんてことはないですね。八〇〇メートル出る人が五千メートルに出るなんてまずない。このときは史上初の三冠を狙っていたの。三三、四度の気温の中で、八〇〇メートルの予選と準決（勝）を走って、二時間後に五千メートルの決勝だった。その翌日が八〇〇メートルの決勝」

八〇〇メートル走と一五〇〇メートル走は優勝、五千メートル走は二位で終わった。

「いやぁ、よく走ったと思うよ。もう絶対に三冠を獲ってやるって勢いだけでやってましたから。それで注目されましたよ。三重の怪物とか呼ばれました」

しかし、この時点ではまだ原石に過ぎなかったと瀬古は振り返る。

彼がマラソンランナーとしての資質――ＳＩＤを身につけるのはこの後になる。

◉「誰かに教えてもらいたかった」

ぼくが瀬古と初めて会ったのは、一九九九年七月のことだった。

九八年ワールドカップで日本代表を率いていた岡田武史がコンサドーレ札幌の監督となっていた。岡田と付き合いのある、ぼくの友人たちが〝私設岡田武史応援団〟を立ち上げており、その一員として、札幌で試合を観戦することになったのだ。

試合後の食事会には岡田が顔を出した。そこで瀬古を呼び出すことになった。エスビー食品の陸上部監督だった瀬古は、合宿で北海道に滞在していたのだ。岡田と瀬古は共に早稲田大学出身で同じ年だった。

瀬古利彦という名前を聞いたとき、現役時代の苦渋に満ちた、頬のこけた逆三角形の顔が浮かび上がってきた。ところが実際の彼は違っていた。朗らかで話が途切れない明るい男だった。

全く思っていた人と違いました、とぼくが軽口を叩くと、彼は「みんなにそう言われるんだよ」と大笑いした。

求道者然とした瀬古の像を作り上げたのは、早稲田大学競走部で出会った中村清である。

瀬古は大学入学前に躓《つまず》いている。

早稲田大学の陸上部から誘われて一般入試で教育学部と商学部を受験。陸上の成績が加味されるため、ある程度以上の成績を取れば合格だと聞かされていたのだ。ところが両学部とも不合格だった。

「もう目の前が真っ暗になりましたよ。俺の人生どうなっちゃうんだろうって思いました」

そこで二人の跳躍競技の選手と共に南カリフォルニア大学陸上部で練習しながら、翌年の受験に備えることになった。

「五月からロサンゼルスに行きました。向こうは九月から入学ですから、それまでは自炊しながら自分たちで練習。九月からは大学で練習したんですけれど、長距離の選手がいなかった。コーチもいたけれど、長距離の専門家じゃなかったんです。来年の入試で受かるんだろうかっていう不安もあったし、ホームシックにもなりました。ストレスが溜まって走る気力がなくなって、一〇キロ太りましたものね」

一年後の入試で早稲田大学に合格。入学前、館山で行われた競走部の合宿に参加している。そこで瀬古は中村と出会った。


〈「心の中に、火のように燃え尽きない情熱をもって練習をしなければ、強くはなれない、泣く泣くやる練習はやっただけだ」

「今日から初めて陸上をするという原点に返った決心で、練習をすること」

全員を目の前に、先生は、確かそのようなことを言ったと記憶している。（中略）

そして「今の早稲田が弱いのは、お前たちの面倒をみなかったOBのせいだ。OBを代表して私が謝ります」と言って、自分自身の顔を、思いっきり平手でバンバンと手加減なしに、何十発も殴った。

あっけにとられて見ていると、今度は辺りに生えている草をむしり、土の塊のついた草を手に取るとこう言った。

「これを食ったら世界一になれると言われたら、私はこれを食える。練習も同じで、なんでも素直にハイと返事をしてやれなくては、強くなれないんだ」

まさか食べるわけはないだろう、と思った瞬間、土のついた草を口の中に入れ、草を噛みちぎって、土をジャリジャリと言わせながら食べてしまった。

その直後に、こう言われた。

「瀬古、マラソンをやれ。君なら世界一になれる」〉（『瀬古利彦　マラソンの真髄』瀬古利彦）

瀬古は入学前まで中距離走に注力するつもりだった。この中村の熱に気圧され、マラソンをやると宣言することになったのだ。

「その当時、早稲田は予選落ちで箱根駅伝に出られていなかったんですよ。それで中村さんが早稲田に帰ってくることになった。誰かに教えてもらいたいという思いはずっとあったんです。このままだと潰れるってわかっていましたから」

まずは浪人期間の一年間で増えた体重を落としながら、一万メートル、五千メートルのレースに出場している。一〇月に行われた日本学生対抗選手権（インカレ）の五千メートルで優勝、しかし一万メートルでは六位に終わっている。七七年一月二日の箱根駅伝では二区を任された。

しかし――。

「区間一一番でしょ。一二月に怪我をしちゃって全く練習できなかったんです。そもそも相変わらず長い距離は走れなかった。中村監督も〝瀬古ってほんとにマラソン選手になれるかな〟って周囲にこぼしていたらしいです。もちろん私には言いませんでしたけれど」

そして二月一三日、京都マラソンに出場している。初めてのマラソンだった。

◉マラソンランナーとは五ミリの厚さの羊羹で我慢できる人間

自分の資質は中距離走者ではないかと疑いながら走り続けていたという。

「練習した割にスタミナがつかないなってずっと思っていました。さらに走る前から、マラソンは苦しい、苦しいって言われていたんです。そんなに苦しいのは嫌だなって。走る前から怖くて怖くて。どんなに苦しくなるんだろう思っていたら、本当に苦しくなった」

想像以上でしたと、瀬古は大げさに顔をしかめた。

「マラソンってこんなに苦しいのかって。練習しなきゃ、こんな風になるんだ。もっと練習しなきゃいけないと思いました」

結果は二時間二六分〇秒で一〇位だった。

「(記録は)女子マラソンのレベル。とにかく走りきることだけを考えていました。(棄権したら)監督にぼろくそ言われるじゃないですか。(次のマラソン出場まで)一年間言われるから、完走はしなきゃいけないって」

苦しみながら走りきった後、マラソンという競技の特性に朧気に気がついた。それはペース配分の重要性である。

「前半までは良かったんです。ハーフ(折り返し地点)までは順調、二時間一三、四分のペースだったんです。でも後半ボロボロになった。ランナーズハイになってペース配分を間違えたんです」

長距離を走っているとまず苦痛を感じる。その苦痛が通り過ぎると快感、恍惚感になるという。これがランナーズハイである。脳内にβエンドルフィンという快感ホルモンが発生するとされている。

「ランナーズハイって練習のときにも起こるんです。マラソンの最中にそれとどう向き合うかはわからない。中村監督もそれまでマラソン選手を育てたことがなかった。だからペース配分を考えたこともなかった」

この年の一二月に福岡国際マラソンが行われている。瀬古が意識したのは、五キロを一五分わから一六分で走り続けることだった。

「(併走している車に設置されている)電光掲示板を見て、何分で走っているというのを計算するんです。ランナーズハイになると苦しくないから、もっと速く走ることが出来る。でも、絶対に行っちゃいけないって、我慢する。行きたいけれど、行っちゃいけない。それが苦しいんです。マラソンには辛さを我慢すること、そしてもう一つ、自分を抑えつける我慢。二つの我慢がある。行けるのに行かないという我慢の方が辛い」

この二度目のマラソンは二時間一五分〇秒で五位に食い込んでいる。翌七八年一二月の同じ福岡国際マラソン、二時間一〇分二一秒で優勝。瀬古は日本陸上界に現れた新星となった。

その過程で瀬古は自らの適性に気がついた。

それは我慢する能力である。

「マラソンランナーというのは普段から自分を抑える練習をしなければならない。食欲、性欲もそう。ぼくは食事制限とか得意だもの。腹減っているけど我慢する。食べ物が目の前にあっても食べない。例えば羊羹を一センチ（の厚さに切って）食べようとするじゃないですか。でもそこで五ミリしか食べない」

つまり、頭の中で一センチの羊かんを食べると想像しながら、そこでわざと半分である五ミリの厚さに切ることができるか、である。

「そういう我慢が出来る人じゃないと、マラソンのコントロールは出来ないんです。マラソンって誰でも出来る競技じゃない。もちろん肉体的、運動能力的に出来るか出来ないかというのもある。それに加えて心が大切」

瀬古はそういうと胸をどんと音が聞こえそうな勢いで叩いた。

「筋肉と心、二つがないとマラソンランナーにはなれないんです」

七九年一二月、福岡国際マラソンを連覇した瀬古は、翌年に開催されるオリンピックの日本代表選手に選ばれた。若く、選手として上り坂にあった瀬古は金メダルの有力候補だった。

ところが――。

ソビエト連邦のアフガニスタン侵攻に抗議して、日本はアメリカらと共にモスクワオリンピックをボイコットしたのだ。

◉徹底的なマンツーマン指導

　四年後のロサンゼルスオリンピックを見据えて、瀬古は大学卒業後、エスビー食品に入社。中村もエスビー食品の陸上部監督に就任した。

「監督って一日二四時間のうち一八時間ぐらい選手のために使ってくれていた。起きてから寝るまで私を速く走らせることを考えている。聖書を開いても、仏教書読んでも、〝これ、いいから瀬古に教えてやろう〟って発想なんです。私が寝た後も、うちの家族や支援者、関係者に毎日、長文の手紙を書いていた。瀬古は今、こんな状態で、こんな練習をしているとか、こう仕上げていくとか。長文の手紙です。だからほとんど寝ていなかったんじゃないかと思うんです」

　中村の自宅は千駄ヶ谷にあった。瀬古は中村宅の敷地内にあるアパートに住み、練習後は毎晩、中村の家で食事をとった。

「食事の後は居間に行って、軍隊時代の話、聖書とか、仏教、東洋哲学とかんいろんな話を聞くんです。すごく面白くてね。自分自身でも知らない世界のことを勉強しようと日曜日は教会に行ったり、座禅組んで瞑想したり。全部、陸上のためです。寝ているとき以外は競技のことを考えていた。いや、眠っているときも夢に出てきたから、二四時間考えていたのかもしれない」

瀬古の私生活は中村によって完全に管理されていた。瀬古宛に届いた手紙はまず中村が開封して目を通した。ファンレターは一切、瀬古に渡されることはなかった。

浪人中にロサンゼルスで一緒だった友人が、瀬古と食事をしたいと連絡してきたことがあった。

「私の住んでいるところには電話はないから、中村監督のところにかかってくる。瀬古君と食事したいって言ったら、お前、誰だって話になった。じゃあ、お前と俺と瀬古の三人で食事行こうって。中村清が来たらくつろげないじゃないですか、だから断ったみたいです」

今の選手ならば耐えられない環境ですね、とぼくが口を挟むと瀬古は「いいや、昔の人も耐えられなかったですよ」と笑った。

「耐えられたのは私だけですもの。中村監督は私のことが大好きだったと思いますよ。そこまで従順で身体的能力があって、練習すればするほど強くなるなんて選手はいない。自分にとって最高の作品。こんなに楽しい選手はいないと思っていたはずですよ」

マラソン選手って、マンツーマンで育てるものなんですよ、と続けた。

「世界中、どこでもそうです。一対一でやるというのがマラソンの基本です。それだけ苦しい種目なんです。中村監督がいなければ、私はいなかった。だから言われたことを聞こうと思っていた。聞いたら強くなるから、もっと聞こうと。自分だけだと苦しさを百パーセント引き受けなきゃいけないでしょ。でも二人だったら五〇、五〇じゃないですか。マラソンは監督と選手が同じ力で押し合う関係じゃないといけない。信頼がなきゃ駄目なんですよ」

ただし、張り詰めた、息苦しいほど濃密な関係は長く続くと疲弊に繋がる。

ヨーロッパ遠征の最終戦、スウェーデンのストックホルムで開かれた大会の二日後に足を捻挫。捻挫の腫れが引くと、今度は足の裏に痛みが生じた。足の裏の痛みがとれると、今度は膝。膝が治ったと思うと、反対側の膝が痛みだした。八二年八月末までの約一年間、瀬古は怪我に悩まされることになった。

それでも、八三年一二月の福岡国際マラソンで優勝、翌年のロサンゼルスオリンピック代表に選ばれた。

◉自分で結果がわかってしまう競技

オリンピックのマラソン競技の特殊性は、気温の高い夏期に行われることだ。

「マラソンってだいたい一一月、一二月から三月ぐらい。冬場に行われるんです。ところがオリンピックは夏。モスクワを経験していれば、夏にピークを持って行くというやり方がわかったかもしれない。でも、私たちにはその経験がなかった。マラソンってそんなに回数を走れるものじゃないんで、経験が物を言うんです。私は中村監督の言うことを聞くしかなかった。こうやろうと言われたら、はいって答えるしかない」

このとき、マラソンに特化した科学的トレーニングの研究は日本国内には存在しなかった。そして、他のマラソン選手との情報交換もない。瀬古は全ての練習方法は「瀬古スペシャルでした」と表現する。中村と瀬古は、周囲を遮断した中でマラソンという道を極めようとした。方向性が間違っていた場合には修正が効かないという危険性を内包していたのだ。

瀬古が疑問を持ったのは、暑さ対策だった。

「マラソンって余計な汗を掻いてはいけないスポーツなんです。汗によって体内のミネラルが出ていくし、体力を奪われる。脱水症状にもなる。汗を掻かない人が強い、とも言えるんです。夏は涼しいところで練習すべきです。私は北海道で練習をしたかったのですが、中村監督は（自宅に近い神宮）外苑でやれと、わざわざ暑いところで練習していた」

自分の意思を貫くことは出来なかったのですか、と訊ねると「それは駄目ですよ」と瀬古は大きく首を振った。

「監督との信頼関係があるわけだから、出来ない。ただ、オリンピックの前から中村監督らしくないなぁというのは感じてました。監督は癌になっていたんです。体調が悪ければ機嫌も悪くなるじゃないですか。自分の目の届くところでぼくを練習させたかったんでしょうね」

日本代表の参加が八年ぶりとなるロサンゼルスオリンピックの注目度は高かった。中でも金メダルを期待される瀬古には報道陣が集中した。

瀬古は中村が過熱報道に苛立っていた姿をよく覚えている。

「盗み撮りとかしているんです。それを中村監督が〝貴様、何をやっているんだ〟って怒る。私の目の前でテレビカメラを摑んで投げたりして。あれ、本来ならば大問題でしょうね。普通はそういうことをしない方なんですけれど、何度も練習中に盗み撮りのようなことをされたんです」

そうした重圧を克服するには練習しかないと瀬古は思い込んでいた。

オリンピック直前の五月一二日、瀬古は東日本実業団対抗で二万メートル走に出場、五八分四三秒で優勝している。

「日本記録を目指して走ったんですけれど、後半バテバテでした。夜八時ごろ試合が終わって、それから神宮外苑を三〇キロ走ったんです。夜中の一〇時まで。試合に出る前から二万メートルの後に三〇キロ走るって決まっていたんです。今日は辞めておこうって話に普通はなるでしょ。それがならなかった。もうボロボロなんですよ。ずっと（調子は）おかしいと思っていた。でも休めないんですよ。本当に当時はひとりぼっちだった。誰もわかってくれる人はいなかった。中村監督にも〝疲れた〟なんて言えませんから」

三箇月後に行われるオリンピックでは好成績を出せないだろうと、瀬古は暗い気持ちになっていた。

「マラソンって、自分で（結果が）わかっちゃうんですよ。自分がどれだけ走れるか、練習しているとわかる。これまでと同じように走れないって思いながら練習をやっているんです。辛いですよ。みんなから期待されているのに、もう優勝はないってわかっちゃうんだから」

そして、こう続けた。

「サッカーとか団体競技は、自分の調子が悪くても周りが助けてくれるとかあるじゃないですか。いいパスを出してくれるとか。マラソンは自分で解決するしかない」

奇しくもジーコと同じ言葉が瀬古の口から出てきた。ロサンゼルスオリンピックで瀬古は十四位で終わった。二時間一四分一三秒という平凡な記録だった。

◉本来の運動神経は良くない

中村はオリンピックの翌年、八五年五月に亡くなっている。渓流釣りに出かけて、足を滑らせたのだ。

「(オリンピックの)ロスに行く前から中村監督に内緒で見合いを頼んでいたんです。(中村から)逃げるというか、これは結婚しないと無理だなと思うようになっていた。それで(ロサンゼルスから)戻ってきて、監督が入院しているときに見合いをしたら、ばれちゃった。叱られましたよ。それでもぼくは(八四年)十一月に婚約したんです。監督は彼女を週に三日呼んで、妻としての教育をしていました。家内は中村監督の話が面白いって喜んでいました。たぶん(自分を妻に)譲るつもりだったんじゃないかな。結婚式の三週間前に亡くなったんだもの。一人で渓流釣りに行ったんです。普段は一人では行かない人でした」

自分を手放して力が抜けたのか、あるいは緩慢な自殺ではなかったかと瀬古は思うこともある。

「私はいまだに中村監督に追いかけられる夢を見ます。必死で走るんだけれど、逃げられない。隠れても追いかけてくる」

今日もこの辺で、話を聞いていると思いますよと宙を指して笑った。

瀬古は四年後、八八年一〇月に行われたソウルオリンピックにも出場している。しかし九位で終わった。そして一二月の国際千葉駅伝を最後に現役引退。その後は指導者としてエスビー食品陸上部、早稲田大学競走部、横浜DeNAランニングクラブなどに携わることになった。

数多くの選手を見てきた瀬古にマラソン選手としての才能はどの時点ではっきりするものですか、と訊いてみた。すると彼は「いやぁ、それは」と首を捻った。

「高校生、それも後半にならないとわからないですね。中学生、高校生で速いからって、二十歳以降も伸びて行くかといったらそうでもない。長距離（ランナー）の見極めは難しい。ただ、マラソンを一回走れば、行けそうかどうかっていうのはだいたいわかります。練習に対する取り組み、生活態度。喋ってみると、ああ、マラソン向きだなっていう子はいます」

具体的には我慢ができそうな選手ですか、と返すと、瀬古は「そうです」と深く頷いた。

「地味な子がいいです。派手で大きなことを言う子は駄目ですね。私自身、中身がないのに香水つけたり、格好ばかり気にしたりしているのが好きじゃないんです。マラソンっていうのは格好つけてやれるスポーツじゃない。女にモテようなんて思っている子は駄目なんですよ、基本的に」

中学生時代、瀬古は野球選手になることを夢見ていた。もし、投げ過ぎて肩を壊すことがなければ、と思うことはないのか――。

「定岡三兄弟っているでしょ、あの真ん中の正二さんが私と同じ年なの。私なんかインターハイ優勝でしょ、彼は甲子園で優勝していないのに女の子からキャーキャー言われてさ、巨人入って（年俸）何千万ももらって、野球選手いいなぁって思ったことはある。マラソンなんか（優勝しても）一銭ももらえないからね」

そう言ってフフフと笑った。

「足が速いと運動神経がいいって言われるけど、そんなに短距離は速くない。（現役時代、一〇〇メートル走で）一一秒台後半だったし。それでもマラソン選手の中では速いんです。私みたいに八〇〇メートル（走）、一五百メートル（走）で優勝していた人間がマラソンの世界に行くっていうのは特殊。マラソンやっている選手って、みんな長い距離が得意なだけで、本来、運動神経はあまり良くないんですよ」

瀬古の肉体的な適性は中距離走だったのかもしれない。ただし、日本の陸上競技の花形はマラソンだった。そして、瀬古には、長距離走者の孤独に耐えうる力があった。中村という特異な指導者と出会ったことで、マラソンランナーとしてのＳＩＤを身につけた。

ただし、それは引き継がれることはなかった。瀬古は中村のような指導者にはならなかったのだ。

「私は基本的には優しいので、選手たちの言うことを聞いちゃうんだよね。聞くところと聞いちゃいけないところがあるんだけれど。選手たちに自分と同じことをやらせるのは可哀想だなと思ったんだ」

中村の指導方法は属人的で、普遍的ではない。瀬古はその欠陥を熟知していた。

ただし——。

近年、日本の男子マラソン界には大迫傑など有望な選手が出ている。しかし、かつての瀬古ほど世界で飛び抜けた力を持ったランナーは現れていない。

第二章

楽天的な自信家——野球（投手編）

◉投手は「わがまま」？——伊良部秀輝

故・野村克也は、〝投手出身の監督〟という括りでこう書いている。

〈投手が監督になることが不向きだといってるわけではないが、わがままで自己中心的でも許されてしまう投手だからこそ、自分が指揮する立場になったときに、選手に自分がやらなかったことを押しつけられなくなる。いや、たとえ押しつけたとしても選手はいうことは聞かない〉（『野村ノート』）

野村の表現を借りれば、野球における投手のＳＩＤとは〈わがままで自己中心的〉となる。投手にも先発、中継ぎ、抑えなどの役割分担がある。それでも投手としての共通のＳＩＤはあるはずだ。それを顕在化させるには、最も投手的な人間を分析すればいい——金田正一である。

金田は一九三三年に愛知県で生まれた。通算四〇〇勝の他、三六五試合完投、四四九〇奪三振など今後も破られることはないであろうプロ野球記録を保持している。

二〇一二年九月、ぼくは故・伊良部秀輝の評伝を書くために金田に取材した。伊良部は九〇年と九一年の二シーズン、金田が監督を務めるロッテオリオンズに所属していた。速球投手としての才を見込まれて、八七年のドラフト一位で香川県の尽誠学園からオリオンズに入団した伊良部が、燻っていた時代でもある。

渋谷区の南平台にあった彼の事務所の応接室に現れた金田は手足が長く、すらりとした印象の男だった。おうっと軽い調子で挨拶をすると、椅子にどっかりと腰を据えた。

伊良部は金田に恩義を感じており、腕がちぎれても貴方のために投げたいと話していたそうですよ、と切り出すと「そんなこと、言うておったんか」と小さく鼻を動かした。

「それで何を書くの？」

金田はぼくの顔を見た。

「あんまり家庭を乱さんほうがええで、とても苦労している子やから。（幼少期）食べることにも事欠いたぐらい苦労した子でしょ」

伊良部の父親はベトナム戦争のため沖縄に駐留していたアメリカ人だった。彼は任期終了と共にアメリカへ帰国、伊良部は母親と残された形になった。

「彼の育った家庭環境のことをどこまで書くかは別にして、凄い投手がいたということは残したいと考えているんです」

ぼくが応じると金田は「どこが凄いんじゃ」と被せるように聞いた。

「九〇年代後半のヤンキースというメジャーリーグ史上に残る強いチームで投げた、日本球界屈指の速球投手でした」

「伊良部は球が速いんか？」

「ええ、速かった、と思います」

金田は腕組みをしてぼくの顔を見た。

「球が本当に速いのは誰じゃ？」

そのとき、金田が言わんとしていることを察知した。

「もちろん、金田さんです」

ぼくの言葉を聞くと金田は「そうじゃ、そうじゃ」と満足そうに頷いた。

「ワシが一番速かった」

にこりと愛敬のある笑顔を見せた。七〇才を超えているのに餓鬼大将のような男だった。

金田の前任者、有藤道世は伊良部に手を焼いていた。

「なかなか性格異端児で人の話を聞かない、気が難しくて使い物にならなかったと聞いていたよ。ワシのときも使い物にはならんかった。ならんかったけど、躯《からだ》そのものが日本人の躯じゃない。人種差別とかそういうのではなく、教えているとき、腕から全て触ったけど、外国系だなと思った。心は日本人であっても躯はアメリカ人」

ぼくが伊良部に会ったのは、金田に話を聞く前年の二〇一一年五月末のことだった。引退後、彼が生活の拠点を置いていたロサンゼルスの日本料理屋の個室で待ち合わせた。大きな躯を屈めて、窮屈そうに部屋に入ってきた姿を覚えている。彼は金田から徹底的に走らされたのだと苦笑いした。

「とにかく走れ、走れでしたよ。ピッチングよりも走ることの方が重要だと。いったいどこまで走らされるんだろうって思いました。キャンプに入って一週間も経たないぐらいで、発熱して立てなくなりました。二年連続寝込みましたね」

伊良部は大げさに顔をしかめた。

「本当に身になるのかなぁって最初は思ってました。でも走るのは必要です。バランス良く走れば股関節の可動域も広がりますし」

金田の監督就任前、伊良部は球団内で問題児扱いされていた。八九年のシーズン前、川崎大師で行われる年始の必勝祈願に伊良部は現れなかった。球団職員が注意したところ、その物言いが気に入らなかったのだろう、胸ぐらを掴む勢いで反発し行方をくらませたこともあった。

その後、ニューヨークヤンキース時代にはオーナーのジョージ・スタインブレーナーと衝突している。

伊良部のことを躯の中に自分では御しきれない獣を飼っているような男だとぼくは思い込んでいた。ところが、実際に会ってみると、野球の話を飽きることなく続ける優しい男だった。

ただし——。

気になったのは、彼の影が薄いことだった。インタビューの翌日、海岸沿いで撮影をした。そのとき、やることがないんですよね、と何度も言った。人が幸せになるにはある程度の懐の豊さが必要だ。彼はすでに一生を悠々自適に暮らしていくことのできる十分な金銭を持っていたはずだ。人は金銭だけでは幸せになれないのだなと思ったものだ。

そしてその二箇月後、彼は自らの命を絶った。彼の評伝を書くにあたって録音データを聞き直すと、金田について語っているとき、声が明るくなった。だからこそ、金田に会ってみたいと思ったのだ。

◉餓鬼大将の〝懐〟と〝間〟――金田正一

伊良部は自分には従順だったと金田は事も無げに言った。自分に刃向かう人間がいるはずもないと信じている口調だった。

「なんかみんな色々と言うておったけど、ワシのところに来たら何の抵抗もしなかったね。ワシは素直に厳しいから従うよ。遮二無二に（練習）せいって、徹底的にやらせた。他の奴は厳しさの中に意地悪さがある。ワシは厳しくするだけ。だって使い物にならないぐらい（ピッチングが）下手なんだから。その下手さが金田監督には露見している。金田監督のコーチングというのは、これほど過酷だというのが新鮮だったんじゃないかな。練習は厳しいが、信じられないぐらい食べさせてもらえる。それで（心が）満たされる。伊良部の親代わりをしたようなもんだよ」

金田は早い時期から「食」に細心の注意を払っていた野球選手でもある。

一九六五年発刊の彼の著書『やったるで！』には、食事についてこう書いてある。

〈食事のとり方は、ダ円型の食べ方をやる。朝と夜はカロリーの多いものを軽くたべ、昼食をヘビーにとる。朝はパンに小さな洗面器一杯相当の生野菜と卵料理。夜はソーメンのような軽いもので終わる。朝と夜は若ドリを二羽ぐらいぶち込んでスープをとり、これに変化をつけて飲む。（中略）昼は肉が中心。と殺場が隣にあれば便利だ、と思うぐらいたっぷり食べる。

米のメシは一日一回。そのとき必ず食べるのはナマコだ。ゲテものはきらい、といったが、ナマコを人にすすめられて食べるようになってから胃腸の調子はいい〉

ジャイアンツ時代、宮崎キャンプでの食費は一日一万円を超えていたという。大卒初任給が約二万二五〇〇円の時代である。その半額近くを一日の食費としていたのだ。

野村克也の著書の方が金田の調整法を詳細に説明している。

〈入団早々の宮崎キャンプでは旅館に何十箱ものダンボールに入った荷物を持ち込んだ。なかに入っているのは炊事道具、布団、枕などの生活道具やミネラルウォーターなど。旅館の食事には一切手をつけず、近くの生鮮市場で購入した最高の食材を使って、特製の鍋料理をつくった。

ふだんから左手を冷やすことを避け、重いものは絶対に持たない。車の専用運転手を雇ったのも金田さんが球界初である。（中略）あの時代にこれだけ自分の流儀を貫き、自分の肉体への投資を惜しまなかった選手はいない〉（『プロ野球最強のエースは誰か』野村克也）

伊良部さんにも食の重要性を説いたのですか、と金田に問うてみた。すると彼は「食の話をしないで、なんの話をするんだ」と大きく目を見開いた。

「伊良部に特別食べさせたわけじゃないんだ。食はパワーだ。食べられるだけのお腹を空かせるための練習量。伊良部は他の選手よりも（厳しい練習で）もっと絞られたんだ。食べざるを得ない。人間は食べざるをえない人生を送ると活力がつく。今の選手みたいに、ぺっぺと食べているだけではろくな選手ならない」

金田はぺっぺと、指を唇に押し当て離す仕草を繰り返した。

「だから、（最近は）ろくなピッチャーがいないだろう。そういう考えをしないと一〇〇勝、二〇〇勝できない。金田さんを追い抜いてみろ」

「具体的には、投手はどのような食事を心がければいいんでしょうか。キャンプ中とシーズン中とか変えるべきなんでしょうか」

ぼくの質問が終わる前に、金田は「自分は食を大事にしていないのか」と大きな声を出した。

「もちろん、それなりには気をつけていますが」

「野手も投手もみんな同じ。食べたいものを美味しく食べる」

「量は？」

「量を食べなきゃ、育つはずがないでしょうが。無我夢中に何でも美味しく食べさせればいいんだよ。食べ物を美味しく食べるのは、作った人に対するエチケット。あそこまで練習したら、何でも食べるようになるわ。それだけ腹が減るぐらいの仕事をせえ、躯を鍛えろということ」

当たり前のことだろうが、自分（筆者）と話していると頭が悪くなったような気になるわ、と金田は大げさに宙を仰いだ。文字にすれば厳しくなるが、撥ねつけているという感じではない。金田の言葉を借りるならば、「意地悪さ」がないのだ。

ただし、インタビュアーとしてはかなり厄介な相手だった。原稿の奥行きは、細部への取材と関係がある。その細部を答える気がないのだ。ともかく金田の気の向くままに話をさせるしかないと肚を決めた。

「伊良部には（投球の）タイミング、〝間〟を教えるのに時間がかかった。間を取ることを遮二無二にやらせた。どうしても間のタイミングが取れないから、ワシもいらついて、苛々した。その突破口を開くため、スローカーブを徹底して教えた。スローカーブを投げることが出来れば、あとは屁でもないと。なかなか高度な技術だから」

「スローカーブを投げるのは難しいんですか？」

「そりゃ、難しいよ」

「具体的には？」

ぼくが口を挟むと、またもむっとした顔をした。

「そんなこと、やらない奴にわかるか」

そのわからないことを聞くのが取材なのだがと、ぼくは心の中で苦笑いした。ぼくの心中を察したか、金田はこう続けた。

「（力を）抜けないところに難しさがある。ボールを力一杯抜くんだけれど、緩い球を放るときは、手（腕）がゆるく行ってしまう。緩くてもパーンと抜かんといかん」

遅いカーブを投げるとき、どうしても球の握りが弱くなる。直球と同じ力で握りながら、思いきりよく球を離す必要があるということだろうか。

「伊良部の一番いかんかったのは、間がないことと、砲丸投げみたいに、腕力でがーんと行く（こと）。凄まじい腕力を持っていた。これを生かすのは下半身しかない。ところが、それが出来ていなかった。基礎工事がなっていないピッチャーみたいなものだ。だから足を鍛えて死ぬほど走らせた」

金田はさっと立ち上がり、右の掌で左手の拳を包むと、膝を軽く曲げた。

「ピッチャーは懐深く、なんだ。懐を覚えなきゃいけない。懐を覚えるというのは、自分に言ってもわからんと思うが、〝間〟なの。投げ急ぐといけない。なんで力士が仕切りをするかわかるか？　仕切りで（一度躯を）沈ませるためになっている。仕切りがなければ、ぽーんと上半身が浮いてしまう。それと同じで野球選手も（躯が）浮いたら駄目なんだ。懐を作る」

わかったような、わからないような話だった。

後に、金田監督時代を知る牛島和彦に〝懐〟をどう解釈したらいいのかと訊ねた。牛島は「あぁ懐深く、ですか」とふっと笑った。牛島も金田から同様の指導を受けたことがあったという。

「ぼくの言葉ならば〝ため〟ですかね。懐深く、ゆったりして、下半身で投げる、という意味でしょう。上半身をリラックスさせて懐を深くすれば、（動き出しで）力が入らない。下半身を巧く使って投げろということ。（金田の指導に）〝えー〟と思ったこともあるけれど、懐については凄い（正しい）ことを言っているなと思っていましたよ」

意図するところが通じていたかどうかはともかく、金田が伊良部と熱心に向き合っていたことは間違いない。

「こんこんと毎日、毎日、〝この馬鹿が、ドアホウ〟ってドツく程やった。実際にはドツかなかったけど。どれくらい一生懸命、あの子に精神を削ったか。それでも気がつくまでに時間がかかる。ワシは二年で辞めたけど、その後に花が咲いた。アメリカに行ったとき、伊良部を見て目を見張ったね。こいつ、（自分が教え続けた）間を持ちやがったって」

だから伊良部は金田野球なんです、と胸を張った。

◉投手が言うことを聞くのは投手

九二年シーズンから、金田から八木沢荘六に監督が交代している。このとき球団名が『千葉ロッテマリーンズ』となり、本拠地は川崎球場から千葉マリンスタジアムへと移った。伊良部が覚醒したのは、その後の九四年シーズンだった。一五勝を挙げて最多勝投手となったのだ。翌九五年シーズン、アメリカ人のボビー・バレンタイン監督の元で、チームは二位という好成績を残している。ところが、バレンタインはゼネラル・マネージャーの広岡達朗と衝突し一年で解任。九六年シーズンは江尻亮が監督となった。伊良部は広岡と江尻に激しく抵抗した。

その一つの原因は「球数制限」である。

バレンタインはローテーションを守る先発投手に、一試合一一〇球前後で交代、中四日での登板を約束した。それまで日本では先発投手に球数制限はなく、先発、中継ぎ、抑えという役割分担も曖昧だった。バレンタインはメジャーリーグの手法を日本に持ち込んだのだ。伊良部は早くからメジャーリーガーの調節法、練習法を調べていた。バレンタインを完全に信用していたのではなかったようだが、投手のコンディションをきちんと守る面は評価していた。

ところが、バレンタインを引き継いだ江尻はそれを破った。シーズン中、伊良部はマウンドから降りる途中に、グローブ、帽子を観客席に投げ入れて、首脳陣への怒りを露わにしたこともあった。

貴方がオリオンズの監督をしていたとき、伊良部さんには球数制限していませんよね、と念のため聞いてみた。すると、「なんで制限するの」と金田はまたもや大きく目を見開いた。

「調子が悪ければ、制限も何も打たれてしまうよ。良ければ、一五〇、二〇〇球投げられる。わしゃ、一日三〇〇球投げて、二十何回延長（した試合で）放ったんだから。下半身を使って投げると、へばるという言葉は辞書にないの。へばる前に手が痺れてくるよ。金田流のタイミングを持てばへばらないの」

下半身を鍛えて、力の入らない正しいフォームで投げれば、肩に負担はかからないということだろう。その裏付けもある。

金田は二〇年間シーズンの現役生活で五五二六・二イニング投げている。これは日本記録だ。投手の最高栄冠とも言える、沢村賞の選考基準の一つは年間二〇〇イニング登板。投手の分業性が進んだ近年はこれを超える投手が少ない。二〇一三年シーズン、東北楽天ゴールデンイーグルスに所属していた田中将大が、二四勝を挙げている。このシーズンの登板イニング数は二一二だった。金田は五一年シーズンから一四年間シーズン、三〇〇イニング以上投げ続けている。

実績、性格ともに投手として史上最強のＳＩＤを持った金田に、伊良部でさえ刃向かうことは出来なかったことは想像できる。

「伊良部は速い球を投げることが出来た。しかし、金田監督の言う〝間〟がなかった。〝間〟

を探し求めたがなかなか見つからない。（考えて）探しても見つからないのが〝間〟。ようやく八木沢が引き継いだときに見つけた。〝間〟は躯が見つける」

伊良部さんの球の速さは、金田さんも認めていたんですね、と口を挟むと、彼は頷いた。

「あいつのも速いよ。（球が）ドーンと行く。ワシのはグイーンと伸びて行く」

そう言うと掌を立てて、上に動かした。

「わかるか、オスプレイと一緒だよ。ビヨーンと伸びて行く」

オスプレイはこのとき話題になっていた、陸上滑走なしに垂直離着陸が可能な軍用機だ。

「伊良部さんは金田さんに敵わないと思ったから、従順だったんですね」

ぼくの言葉に「当たり前じゃねぇか」と即答した。

「何を言うておるんや。歴史が過ぎ去ってしまって、ワシの球を見たことがない奴ばかりになってしまった」

相手にしたバッターはもう死んどるわ、と大声で笑った。

野村克也さんが金田さんの球は凄かったとぼくに言っていましたよ、と口を挟むと「野村と一緒にするな」と鼻で笑った。

野村さんもまた球界史上に残る強打者であり、捕手ですよと、ぼくが言うとむっとした表情を作った。

「大捕手も大投手もありゃせんで、ワシなんか、キャッチャーのお陰で勝ったことなんか一度もない」

そして、こう続けた。

「伊良部はワシに会えて幸せだったよ。短い人生だったけれど、金田さんに会えて幸せだった、それで締めくくれや。ワシのそばにいたら、あいつは絶対に死ななかった」

もうええか、時間やと金田は腰を浮かせた。立ち上がった後、思いついたようにこう付け加えた。

「いいものを書いて残してやってくれ。あいつは人の心の中に今も、存在しているよ。(原稿の)最後は〝伊良部、安らかに〟って締めてくれ。わかったか」

そして、なんで俺が小説家にならないといかんねん、と喉の奥が見えそうな勢いで大笑いした。

からりとして、楽天的で前向き、自分を中心に万事回っていれば機嫌がいい——金田正一から抽出される投手のSIDはこんなところだろうか。

◉後から発露する投手SID——松沼博久

しばしば投手とは試合の支配者であると表現される。先発投手が球を投げる時点から試合が始まる。そして、対戦する打者を全て打ち取ることが出来れば、少なくとも負けることはない。

バットに当てさせず、全打者を三振で抑えれば、捕手を除いた他の野手は必要ない。

ただし、孤独でもある。

塁に走者を背負ったとき、捕手が配球に頭を絞り、後ろに野手が控えているとはいえ、最終的には対峙する打者との勝負である。金田程の強い押し出しがあるかどうかは別にして、己の力量に自信を持つ人間が投手に向いている。

最初は意識していなかったが、後から自らの投手のＳＩＤに気がつくという種類の人間もいる。

一九八〇年代の西武ライオンズ黄金時代の下手投げ投手だった、松沼博久はそんな一人だ。

松沼は一九五二年九月二九日、墨田区向島で生まれた。きょうだいは四人。上に姉が二人、下に弟が一人がいる。松沼と弟の雅之は七八年にドラフト外で西武ライオンズに入っている。

現役時代の松沼は、口元に髭を蓄え、細身の躯から淡々と速球を投げ込んでいた。荒々しい野球選手とは違った都会的な空気をまとった選手という印象だった。実際に会ってみると、気さくで口数の多い男だった。

取材前、松沼の経歴を調べていて、はっとしたのは、元々投手ではなかったということだ。いや、それどころか、そもそも野球部でさえなかった。

プロ野球選手になるような人間は、早くから周囲の注目を集めていたと思い込んでいた。しかし、松沼はそうではなかったのだ。

子どもの頃から足の速かった松沼は中学入学とともに陸上部に入っている。小学校の先生から陸上部の顧問に連絡が入っており、有無を言わさず入部させられたという。ところが、松沼によると「陸上部のレベルが高いんです。走るにしても幅跳びにしても、凄いのが沢山いる。そんな連中とやっても何も面白くない。何日かで行かなくなった」という。そんなとき、陸上部の横で練習していた野球部が目に入った。野球部は部員も少ない。すぐに試合に出られるだろうと思い、転部することにした。

松沼の目論見と違って、試合に本格的に出場するようになったのは最上級生になってからだった。ポジションは遊撃手。打順は一番だった。そして中学校時代、目につくような成績は残していない。

高校は隣県、茨城県の取手二高を選んでいる。中学校の野球部の先輩がいたからだ。強く誘われて、というのではなかった。

高校一年生の夏前からコントロールの良さを見込まれたか、バッティングピッチャーを兼任することになった。しかし、投手をやるつもりは全くなかったという。新チームになり遊撃手として試合に出場するようになった。中学時代と同じように一番遊撃手である。高校二年生の夏の茨城県大会で取手二高は準々決勝で敗れている。

このままならば、松沼はどこにでもいる中堅校の内野手で終わっていたはずだ。転機となったのは、監督の「ショートと掛け持ちでピッチャーをやれ」という言葉だった。最初は上手投げだったが、速い球を投げようとするとコントロールが乱れた。バッティングピッチャーをしていた頃は、内野手と同じように、小さな腕の振りで投げていたことに気がついた。コントロールをつけるために、下手投げを試してみることになった。軽い気持ちである。投手は腰掛けのようなもの、自分はあくまで遊撃手であるという意識だった。

ところが――。

三年生の夏の県大会前、主戦投手が怪我を負い、二番手投手だった松沼が担ぎ出されることになった。取手二高は三回戦で敗退。松沼の押し出しによるサヨナラ負けだった。

もう投手はこりごりだ、大学では遊撃手に専念しようと松沼は思った。しかし、東洋大学野球部の練習に参加すると、自分の打撃では通用しないと痛感し、投手に戻ることになった。

東都六大学リーグに所属する東洋大学では六〇試合に登板、二二勝を記録し、東京ガスに入社。七八年の都市対抗野球一回戦、丸善石油戦で一七奪三振を挙げて大会記録を塗り替えている。七連続奪三振も大会新記録だった。そして前述のように西武ライオンズに入った。

この歩みを見ると、投手のSIDではないように思える。しかし、彼の言葉の端々には強気さ、いい意味での唯我独尊な面がある。

高校時代、全国的には無名な投手であったが、東洋大学に入って来た甲子園出場校の同級生たちに物怖じしなかったという。

「大して良い選手っていうイメージはなかった。（名門校出身の投手であっても）このぐらいかってぐらいしか思わなかった」

あるいは——。

東京ガスでの一年目、松沼は二番手投手扱いだった。都市対抗野球の準々決勝、京都市の大丸戦で九回に一イニングだけ投げている。

「それまで試合に出られなかったのに、負け試合になって、行けって言われた。嫌だって断ったんですよ」

敗戦が濃厚な試合で投げる必要がないと思っていたからだ。

また、東京ガスには二人の捕手がいた。その一人と肌が合わなかった。松沼によると「堅物」だったからだという。年下の松沼を大切に扱わなかったと思われる。松沼はこの捕手に反発し、彼の出したサインに首を振り続けた。お前、しっかり投げんかいと注意してきた先輩投手に怒り、グローブをマウンドに叩きつけたこともあった。

奪三振新記録を出した都市対抗野球の丸善戦についても「相手が（弱い）丸善石油だったからかな」と軽口を叩き、「結局、（良かったのは）その試合だけだったんだもの」とからからと笑った。

西武ライオンズに入ってからも、松沼は自分の流儀を貫いている。

松沼兄弟は西武ライオンズの新人〝一期生〟でもあった。松沼が入った年に、クラウンライターライオンズから西武ライオンズになったのだ。新しく親会社となった西武グループには資金力があった。監督だった根本陸夫は、チームを根本的に変えるために様々な選手を加えている。阪神タイガースの看板打者だった田淵幸一、あるいは野村克也である。

捕手である野村とはバッテリーを組んでいる。松沼は野村のことを「すげぇ、おじさんに見えたんだよね」と笑った。

この時、野村は四〇才を超えていた。

「貫禄有りすぎですよ。これがプロ野球選手なのかって言うぐらい」

入団したばかりの新人選手は年上のプロ野球選手の存在感に戸惑うものだ。松沼の場合は、そうではなかった。同時に弟の雅之——愛称「オトマツ」が入団していたことも助けになった。

「オトマツと仲良くしていれば、他の人たちと付き合わなくてもいい。そういう意味で弟がいてすごく良かった。助かった」

松沼兄弟は周囲と適度な壁を作って、自らの身を護ったのだ。

◉「プロ向きの性格」とは——前田幸長

前出の伊良部秀輝の評伝『球童　伊良部秀輝伝』では、金田正一の他、弟の金田留広、八木沢荘八、オリオンズ時代の同僚である牛島和彦、小宮山悟、前田幸長、メジャーリーグ時代に同じ球団に所属した、吉井理人などの元投手に取材している。その後に上梓した『ドライチ』

『ドラガイ』『ドラヨン』では、大野豊を初めとした元投手に話を聞いた。ある程度以上の結果を残した元投手は、みな程よくわがままで、自分中心で楽天的——投手のＳＩＤを持っていた。金田のような特殊な例を除けば、こちらが下調べをして敬意を持って向き合えば、きちんと応えてくれる。ぼくにとっては与しやすい取材相手だった。

投手らしいＳＩＤという意味で印象に残っているのは、ロッテオリオンズ、中日ドラゴンズ、読売ジャイアンツを渡り歩いた前田幸長である。前田は伊良部の懐に入った数少ない後輩だった。

オリオンズ時代、ゼネラルマネージャーの広岡、そして監督の江尻に伊良部が反抗していた時期のことだ。ある夜、伊良部が先発した試合後、二人は夜の街に食事に出かけた。

食事中、伊良部は荒れ気味だったという。

「ぼくは次の日が先発だったのかな、だからあまり飲んでいないです。ラブ（伊良部）さんは結構飲んでいて、ヒートアップしてました。でもヒートアップしても、ぼくには害がないんで、気にしなかったですね」

帰り道、伊良部は広岡たちへの不満、あるいは打たれたことを思い出したのか、おもむろに電信柱を殴り、止まっていた自転車を蹴飛ばした。

「チャリンコを蹴飛ばした後、うずくまったんです。〝大丈夫ですか？〟って聞いたら〝いかん、これは行ったぞ〟〝まじすか？〟骨が折れていた」

ふっ、と前田は当時を思い出したか、含み笑いをした。

「夜は酒飲んでいるから多少の痛みだったみたいなんですけれど、朝起きたら親指が紫色になっていた。病院に行ったら骨折だと」

その口調からは、前田が一つ年上の先輩を、どこか突き放しながらも温かく見ている様が伝わってきた。前田にとって伊良部は愛すべき兄貴分だったのだ。

前田は入団二年目から八勝を挙げている。スライダーとナックルボールという変化球を自分で試行錯誤しながら身につけたことが大きかったという。

「プロのコーチって、言い方悪いですけれど、あまり信用していなかったので。実際、ぼくの場合、プロのピッチングコーチから教わったことってないんです。（自分の躯については）俺の方が知っているはずだと、思っていたんです」

当時のピッチングコーチは誰だったんですか、と聞くとそして誰だったかな、いたのかなととぼけた。

前田は八八年のドラフト一位で福岡第一高校からオリオンズに入っている。高卒のドラフト一位――ドライチは何かと注目される存在である。こいつは俺が育てたのだと自分の手柄にしたいコーチが近づいてきたはずだ。しかし、前田は「本当に記憶がないんですよ」と笑った。

辻内崇伸に取材をしたとき、その前田の悪戯っぽい顔が突然浮かんで来た。

二〇〇五年夏の甲子園、大阪桐蔭高校の辻内は一五〇キロ台のストレート、カーブ、フォークを駆使し、二回戦の茨城県代表の藤代を相手に一九奪三振を挙げた。これは当時の一試合最多タイ大会記録である。一八〇センチを超えるがっしりとした躯、貴重な左腕投手として注目を集め、この年のドラフト一位で読売ジャイアンツに入った。ジャイアンツの投手陣の柱となる大型左腕投手となるはずだった。

しかし——。

二〇一三年に引退するまで、彼は一度も一軍のマウンドに登ることはなかった。

辻内が躓いたのは、ジャイアンツに入って二年目、二〇〇七年二月のキャンプだった。前シーズンまで、ジャイアンツは二年連続Bクラスに沈んでいた。監督の原辰徳は、チームを鼓舞しなければならないと考えたのだろう、キャンプから精力的に動きまわっていた。

ジャイアンツの指揮官は、観客を喜ばせなければならないという考えが原の行動の根底にある。投球練習の行われているブルペンに顔を出した原は、素晴らしい球だと思えば拍手をしてくれと観客に頼んだ。そして、拍手の数が十分だと判断すれば投球練習終了とした。

原の言葉を聞いて、辻内は困ったことになったと思っていた。前年、辻内は二軍戦で一三試合に登板。二軍の選手を対象としたフレッシュオールスター戦に選ばれたが辞退している。肩に痛みが出ていたのだ。

野球を長く続けていると、どこかしらに軽い怪我は抱えているものだ。高校時代は、若かったこともあるだろう、少し休むと痛みは収まった。ところが、プロでは練習を休むと言い出せなかった。

辻内はこう振り返る。

「痛くて投げないと怪我人にされてしまう。お金をもらっている以上、野球をしなきゃいけない」

その責任感が彼を追い詰めていた。ドラフト一位として期待されながら、一年目を二軍で過ごしていた。そしてようやく一軍キャンプに呼ばれた。ここで監督の原に力を見せつけなければならない、と。

「肩を庇って投げていたら、肘に来たんです。一〇球ぐらい、肘が痛いまま投げていました」

とうとう、辻内は「ああー」と大きな声を出した。

「叫びたいぐらいの痛み。それでも投げなあかんと思って投げたら、ボールが変なところに言ったんです」

投げ終わった後、声が出せないほど肘が痛んだ。この一球で辻内の野球人生は終わることになった。左肘の靱帯が切れたのだ。

手術後、復帰したが、彼の伸びやかな直球が戻ることはなかった。

将来ある若い選手なのだ、痛みを伝えることは出来なかったのか。そう問うと「言えなかったです」と首を振った。

「プロ向きの性格」という、曖昧な言葉が使われることがある。辻内は、一五〇キロを超える速球を投げることの出来る類い希な身体的能力を与えられながら、プロ向きの性格ではなかった。

前出の松沼はこんなことも言っていた。

「ピッチャーって、一匹狼が多いんですよ。ぼくはずっと単独行動だった。ピッチャーともつるまない。オト松ともあんまり出かけていない。平野謙が中日から西武に来てしばらくした頃、食事に誘われたの。それで行ったら辻（発彦）とかもいたの。あいつら野手だから毎日仕事してる。それなのに結構どんちゃん騒ぎしているんです。こんなに夜更かししていいのかなと思った」

酒を飲んで盛り上がる野手たちを、松沼は醒めた目で見ていたことだろう。人から何と思われようが〝孤〟を貫くことも投手のＳＩＤであるのだ。

辻内とは取材の後、トークショーで一緒になる機会があった。彼は登壇前、「緊張しますね、どうしたらいいですか」と不安そうな目でぼくを見た。スポットライトに当たることを避けているようにも思えた。それはドライチとしての期待に応えられなかった経験から来るのか、元々の彼の性格なのかは不明である。少なくとも投手のＳＩＤを掴むことが出来なかったとは言える。

もっとも、彼が投手以外ならば成功したかというとそれも疑問だ。高校時代にあれほどの速球を投げられる若者を、投手向きではないからと配置転換出来る人間はいないだろう。そして、彼に打者としてのＳＩＤがあるかどうか——。

好打者のＳＩＤもまた特殊であるからだ。

第三章

奇人変人達人――野球（打者、野手、捕手編）

◉一八・四四メートルの結界

プロの打者は超人である――。

マウンドに置かれたピッチャープレートと打者の目の前にあるホームプレートの距離は一八・四四メートル。投手が一五〇キロ以上の速球を投げたとき、ピッチャープレートからホームベースまでの到達時間は単純計算で〇・四五秒以内となる。

脳が躯に命令を下して腕が動くまでの神経反応は約〇・三秒弱、バットを振り始めて球に当たるまでの時間は約〇・二秒と言われている。この二つを足すと〇・五秒弱。つまり、理論上は脳が球が来ると認識してからバットを振っても間に合わない。ましてやバットの最適な場所で球を捉えなければならないのだ。

それでも打者は一五〇キロ以上の球を打ち返している。脳科学者の林成之はこれは「イメージ記憶」によるものだと説明している。

〈プロのバッターが豪速球を打ち返すとき、じつはボールを見ている脳と同時に、ボールを見ていない脳も使っているのです。（中略）バッターは、ピッチャーが投球動作をしている段階から、ボールが手元にくるまでの軌道をイメージ記憶をもとに予測して、バットを振るのです〉（『〈勝負脳〉の鍛え方』）

林によると、優れた打者は、軌道の記憶を多数持っており、投げられた瞬間にその過去の軌道を分析してバットを振っているのだという。

脳とは人間の躯の中で最も解明されていない器官の一つでもある。

神経科学者の藤田一郎は、霊長類の脳の中には三十数箇所の視覚を司る場所があると前置きしたうえで、〈「見る」ことひとつをとっても、脳のどこか一カ所が働いているわけでなく、たくさんの場所で情報を順番に処理しながら、しかも複数の経路が階層的かつ並列的なネットワークとして機能〉していると『脳ブームの迷信』で書いている。そして、実際にどのように脳が機能しているかは、厳密な科学実験による検証が必要であると警鐘を鳴らす（右脳と左脳の区分、あるいは脳は通常一〇パーセントしか働いていないという類は全く科学的な裏付けのない迷信である）。

林の主張する説の真偽は別にして、軌道の記憶が鍵であることは間違いない。練習を積み重ねることで、多くの軌道のイメージを獲得、それらを瞬時に分析して、バットを合わせる。

打撃とは三割打てれば成功、七割は失敗である。とはいえ、勝負所でこそ力を発揮するという種類の打者もいる。集中力を増したときに、彼らは何かを何かを感じているのではないかとぼくは睨んでいた。

野村克也は打撃についてこう教えてくれた。

「技術力には限界がある。そこから先がプロの世界だ。バッティングは感性と頭脳。感じる力、考える力」

考える力とは配球を読むことである。では感じる力とは何か。野村に尋ねたが、うーん、説明は難しいなという答えが返ってきた。

野村の「感じる力」を少し具体的に説明してくれたのは、佐伯貴弘だった。彼は横浜ベイスターズ、中日ドラゴンズでプレーし、現役通算一五九七安打を記録している。

二〇〇三年シーズン、佐伯はアメリカから阪神タイガースに戻ってきた伊良部秀輝を打ち込んだことがあった。そのとき、伊良部から「自分の癖を見抜いているだろう」と電話がかかってきたという。

佐伯は尽誠学園で伊良部の一年後輩に当たる。高校時代の一学年の違いは、絶対だ。仕方なく、佐伯は癖を二つ教えた。伊良部は「まだあるだろう」と食い下がったが、ないですよと、佐伯は否定した。

伊良部には教えなかったが、確かにもう一つあったのだと佐伯は明かした。しかし、それは言葉にすることができなかったと付け加えた。

「直球と変化球のとき、マウンドのシルエットが違うんです。口では説明できないんです。グラブのちょっとした向きなのかもしれない。でもぼくにはわかる。伊良部さんに言いたくても言えなかった」

佐伯は両方の手で掌をひょうたんを描くように動かした。

「人の形が違うというんですかね、言葉では説明できないんです」

プロ野球の分析は進んでいる。グラブの位置が違えば、他の球団も伊良部の癖を把握していたはずだ。佐伯はマウンドの伊良部から、〝何か〟を感じ取っていたのではないか。

佐伯は投手と打者の関係について、興味深い話をしてくれた。彼は伊良部に、どういう打者が嫌ですか、と聞いたのだという。すると伊良部の口から佐々木誠の名前が出てきた。

佐々木は、南海ホークスから福岡ダイエーホークス、九四年から西武ライオンズに所属していた左打ちの外野手である。九二年には首位打者になっている。

「伊良部さん曰く、自分もバッターに対して牙を剥く。佐々木誠さんも牙を剥いてくる。向かってこられるので、本当に投げるところがない。見逃すだろうと思ったボールに、ポンと突然バットが出て来る、と」

佐伯の話を聞きながら、居合いの達人による果たし合いを思い浮かべた。

投手と打者の間にある、一八・四四メートルは結界のようなものだ。投手の腕から飛んで来るのは鉛の球である。頭部に当たれば、生死に関わる。その球筋は、前述のように投手の手を離れた瞬間にはわからない。打者は当然、神経を研ぎ澄ますことになる。そして、優れた打者は常人では理解できない領域に到達する――。

いわば「奇人変人」の部類である。

◉刀一本で渡り歩く浪人——佐伯貴弘

奇人変人の大打者としてまず頭に浮かぶのは、九年連続首位打者、三冠王、打率四割などの記録を残した、メジャーリーグ最高の打者、タイ・カッブだ。

トミー・リー・ジョーンズがタイ・カッブを演じた『タイ・カッブ』(原題〝Cobb〟)という映画がある。自伝執筆の代筆——ゴーストライターの依頼を受けたスポーツライターのアル・スタンプが、晩年のカッブに会いに行くところから物語が始まる。そこで彼が見たのは、黒人の使用人を人種差別の言葉で罵倒、室内で銃を乱射、バーボンを飲みながら車のハンドルを握り、雪道を猛スピードで走る、性格破綻者の姿だった。アル・スタンプはカッブの死まで、彼の狂気に付き合うことになる——。

しかし——。

後年の調査で、スタンプがカッブに会ったのはほんの数日間のみ、この作品及び原作で描かれたことはほとんど捏造であったことがわかった(不幸なことに、この作品で間違ったカップの像が定着し、後に製作された映画『フィールド・オブ・ドリームス』などにも反映されることになる)。

人は自分の信じたいことを信じるものだ。カッブのような並外れた成績を残した打者は常人離れしていると思い込みたい、という心理が働いたのもあるだろう。実際にカッブは一風変わった男だった。観客に殴りかかる、あるいは打撃、走塁技術に尋常ではない拘りを持っていたことは事実である。ただし、映画ほどではなかった。

日本に目を向けると――。

長嶋茂雄の有名な話に、球場に連れて行った長男の一茂を忘れて帰ってきたというのがある。試合に入れ込みすぎて他のことを忘れてしまったのだろう。これは長島の〝天然〟な面として微笑ましく捉えられているが、普通では考えられない。監督時代、他人に理解できないオノマトペを多用した指導など、彼の愛嬌あるキャラクターを取り除いてみれば、まぎれもない変人である。

長嶋の同僚であった王貞治も同類だ。

ぼくが実際に知っているのは、現場から離れてフロント入りした後の穏やかな姿だけだ。ただ、現役当時、身近に接していた人からは、王の激しい気性、打撃に対する強い思い入れを聞かされたことがある。彼のトレードマークとも言える一本足打法を習得したのは、日本刀を使用した練習であることは有名である。その練習を強いた荒川博も、それに疑うことなく従った王も奇人である。

近年の日本人最高打者であるイチローもそこに加えていい。

『イチロー・インタヴューズ』でスポーツライターの石田雄太はイチローに丹念に話を聞いている。その中にこんなやり取りがある。

〈——自分自身で、〝鈴木一朗〟って、どんなヤツだと思ってます?

イチロー　うーん……どんなヤツだろう。まあ、つきあいづらいヤツだろうね（笑）。どっちかというと、理屈で話を進めていくタイプだから。理屈じゃないところが多い人って、けっこういるじゃないですか。僕はそこを突いていっちゃうわけですよ。そうすると、「やなヤツだなあ」って思われるでしょう。それは、つきあいづらいですよね。そうじゃないと納得できない性格だから。理屈で理解させてくれないと、消化不良な感じがするんです〉

ぼくは出版社で働いていたとき、イチローと親しかったスポーツライターの永谷脩の側にいた時期がある。そのときイチローと軽く接触した。彼の自己分析通り、どこか他人を突き放したような印象を与える男だった。

前出の佐伯も取材嫌いで知られている。

ぼくは佐伯の恩師である尽誠学園の監督だった大河賢二郎を通じて、彼に連絡を取った。しばらくして、佐伯からぼくの携帯電話に連絡があった。伊良部さんについては間違った情報ばかりが出ているので話したくない、監督からの頼みなので会うが、取材に応じるかどうかは会ってから決めてもいいか、という。こうした申し出は初めてだった。

横浜の繁華街の彼の指定した店の個室で会うことになった。尖った目をして現れた彼は半ば喧嘩腰だった。ぼくが伊良部について取材してきた内容をかいつまんで説明すると、次第に表情が柔らかくなり、話が止まらなくなった。四時間ほど話を聞いた後、彼は駅までぼくを車で送ってくれた。取材中、彼は背筋をぴんと伸ばし酒を一滴も飲まなかった。自分のバット――刀一本を持って渡り歩く浪人のような男だった。

いい打者のＳＩＤは「奇人変人」であり、「求道者」的性格なのである。

◉自己犠牲を厭わない野手ＳＩＤ――石毛宏典、元木大介

とはいえ――打者には野手という面もある。守備、特に内野手の場合はチームメイトとの連係が必要になる。プロ野球選手は自らの技量、身体的能力に自信を持った男たちである。そんな個の強い選手たちが、どのように結びついているのだろうか。そんなとき石毛宏典と長時間話をする機会があった。

石毛はぼくの疑問に答えるのに相応しい男だ。

一九五六年生まれの石毛は、駒澤大学からプリンスホテルを経て、八〇年のドラフト一位で西武ライオンズに入った。前出の松沼兄弟の弟、雅之と同じ学年である。

石毛が所属した八一年シーズンから九四年シーズン、ライオンズはリーグ優勝を一一回、日本シリーズを八回制している。かつての読売ジャイアンツのＶ９時代と比する強さだった。

その中で石毛は主に遊撃手、時に三塁手を守っていた。秋山幸二、清原和博、オレステス・デストラーデ、辻発彦などの個性的な選手を束ねた石毛は、〝チームリーダー〟と称された。打撃タイトルこそ獲得していないが、高度な守備を要求される遊撃手という守備位置、そして勝利を徹底されるチームで打率三割近くを保った好打者でもある。

「チームリーダーなんて、俺はそんな柄じゃなかったんだよ」

と石毛は大きな声を上げて笑った。

「マスコミが〝チームリーダー〟と呼ぶようになった。最初、ぼくは嫌でね。でも、（球団管理部長だった）根本（陸夫）さんから、そうやって呼ばれるのはいいことなんだと諭された」

プロ野球の世界でリーダーなんかいらないんだよ、と大きく息を吐いた。

「プロ野球選手っていうのは、みんな個が強い。個がなければプロでやっていけない。みんな自分のことだけを考えている。その個がゆるやかに繋がっている。それがプロなんだよ」

とはいえ石毛が〝チームリーダー〟と呼ばれたのは、その雰囲気を持っているからだ。

彼に初めて話を聞いたのは二〇〇五年三月のことだった。前年一一月、彼は四国の独立野球リーグ――IBLJを立ち上げていた。

そのときの取材メモを見ると、こう答えている。

「九七年に現役を引退した後、一年ほどアメリカで野球を学びながら生活したことがありました。アメリカには社会人野球がない。その代わりとして3A、2A、1Aといった下部組織がある。日本の社会人野球というものが縮小方向にある現在、日本でも社会人野球に取って代わるリーグが必要な時期になっているのではないかと思ったんです」

石毛とは初対面で、彼自身も組織の長となり構えていたところもあったのだろう、受け答えが硬い。

ＩＢＬＪ以前、日本に独立リーグは存在していなかった。プロ野球球団の下部組織ではなく、全くのゼロからいきなり四県に一つずつの球団を石毛は作った。

プロ野球（ＮＰＢ）は閉鎖的な組織である。自分たちの懐に手を突っ込まれるという意識があったのか、ＮＰＢ関係者は石毛の動きを快く思っていないという噂も耳に届いていた。石毛はＮＰＢの功労者である。わざわざ火中の栗を拾うようなことをなぜ始めたのだろうとぼくは興味を持ったのだ。

石毛はＩＢＬＪの設立意図を熱っぽく語った。

日本のプロ野球球団は東京、大阪という大都市に集中しすぎている。四国にはプロ野球のチームがキャンプやオープン戦で利用するスタジアムがある。そして高校野球では強豪校がひしめいている。それにも関わらず一つもチームがないのはおかしい。また、娯楽の少ない四国は、若年層にとっては魅力が薄く、大都市に職を求めていく傾向がある。これに歯止めをかけたいのだという。

「野球をやっていないときに農業をやらせたいんです。農業も人手が足りない。シーズンオフには農業をやればいい。セカンドキャリアの勉強にもなる。野球と農業、これを組み合わせることがぼくの考えなんです」

野球を利用した地方創生である。彼は野球界、スポーツ界を超えた場所を見据えていた。

しかし、である。

独立リーグに入る選手たちは野球選手になることを夢見ている若者たちである。野球漬けの生活を送っていた、そしてこれからもそうした生活を送るであろう彼らに、石毛の理想を理解出来るだろうか。その情熱を空回りさせず、支えてくれる人たちに出会えればいいのだが、と思った。後から石毛がこのリーグに私財をつぎ込んでいることを知った。石毛は言葉だけではなく、理想のために自己犠牲を厭わない男だった。

ぼくの不安は的中した。

数年後、石毛はＩＢＬＪから離れることになった。ただし、石毛がまいた種は大きく育つことになった。四国から始まり、全国に独立リーグが発足。そこからプロ野球へ入る選手が次々と現れている。独立リーグはプロ野球への一つの道筋として定着した。

もし、あのとき石毛が無謀な挑戦を始めなければ、そうした選手たちは埋もれたままだったろう。十数年後、石毛と再会したときにそんな話になった。すると「無謀な挑戦か、確かにそうだったかもしれないね」と屈託ない笑顔を見せた。

そして、変わっていないなと思ったのは、彼がこう続けたことだった。

「今、考えているのはプロ野球ＯＢ会のことなんだ」

石毛は引退したプロ野球選手たちを憂いていた。現役時代に十分な貯蓄があれば問題ないが、そうではない元選手もいる。彼らを社会とどう結びつければいいのか、問題は山積みなのだと言った。さらにプロ野球選手には、両親のどちらかがいない「片親」が多いという。片親の高校球児の援助を出来ないだろうか。あるいは沖縄に野球のアカデミー（育成組織）を設立したい――。次々と野球界を思いやる話が出てきたのだ。

◉「打者」と「野手」の複雑な折り合い

石毛ほどではないが、元木大介からも内野手らしさ、を感じた。

元木は一九七一年に大阪府豊中市で生まれた。上宮高校三年生のとき春の選抜で準優勝。甲子園通算本塁打は歴代二位の六本。甲子園のスターである。

八九年秋のドラフトで元木は福岡ダイエーホークスに指名されたが、拒否。一年間、ハワイで浪人生活をした後、読売ジャイアンツに入った。大阪出身でありながらなぜジャイアンツなのか。〝密約〟があったのではないのかと疑われた。

元木にはドラフト一位選手を描いた短編集『ドライチ』で取材している。ドライチ、そしてドラフト外の『ドラガイ』では、それぞれ一人ずつに取材を断られた。どちらにも人を通じて本人に繋いでもらい手紙を書いた。〝ドライチ〟からは返事がなく、〝ドラガイ〟からはしばらくして断りの連絡が来た。ドラフトに関して今も黙している、話せない内容があるのだろう。スポーツライターにありがちな生ぬるい取材ではないということを先方は感じ取っていたのかもしれない。その意味で、元木からも断られてもおかしくなかった。ところが、あっさりと取材を受けるという返事が来た。

「くじ引きで、ここ行け、あそこ行けって言われたら誰だって嫌でしょう。高校だってここに行けって言われて、いや、俺あんな学校に行きたくないってなるのと一緒。俺はそういう考えだから。でも言ってもわかってくれない人が多かったけどね。プロで野球やんのは一緒でしょ、金もらっているんだからって。でも俺は違う。好きなところでやりたいもの」

言葉遣いは少々乱暴だが、裏のない男であることはわかった。そしてぼく自身が彼を色眼鏡で見ていたことに気がついた。

元木がドラフトで指名された八九年の時点で、フリーエージェント制度は存在していなかった。一度、プロ野球統一契約書にサインをすれば、球団が〝厚意〟によりトレードに出す、あるいは不要だと判断されたとき以外、他球団に移ることは出来なかった。

どこの球団に入るかというのは、その人間の一生を左右する。その選択の自由が一切与えられていなかったのだ。本来、ドラフト制度は、一定期間以上所属すれば移籍の自由が認められるというフリーエージェント制度と対であるはずだ。それが日本では片方しか存在しなかった。

入り口だけで、出口がない世界だった。今から考えれば、元木の主張は当然だった。

球団側が一方的に強い権利を持っていた時代だったからこそ、表に出ない金が動いていた。甲子園のスターであり、長打力のある遊撃手である元木はどこの球団も欲しかったはずだ。資金力の豊富なジャイアンツが何も手を打たなかったとは考えにくい。便宜を図れるとジャイアンツに持ちかけた、あるいは持ちかけられた人間も周囲にいたはずだ。しかし、彼自身はそれに関与していない。少なくとも知らされていなかったとぼくは彼の顔を見て確信した。

意外だったのは、彼がチームプレーを強調したことだった。

元木は中学生のとき、ボーイズリーグで全国ベスト八に入り、近隣の高校から注目される存在になった。しかし、自分に才能があると思ったことはなかったと言った。

「ずば抜けてたっていうのは一切なかったですね、感じないです。自分がショート守って、打って、チームが勝てば、っていう気持ちが強かった。俺がすげえとか思ったことはなかったですね」

上宮高校時代、元木目当ての若い女性が甲子園練習から集まり、練習後は報道陣に囲まれた。本塁打数などの個人成績について訊ねられることが多かったという。

「野球って個人スポーツじゃなくて、みんなあってのことだからさ。だからそういう（個人成績に関する）質問ばっかりされるのが一番嫌だったね。元木さん凄いですねって言われるけど、いや、凄くないって。後ろのバッターがいいから自分と勝負してくれる。たまたま打っているんですよ、みたいな。俺一人じゃねぇからって」

貴方がそんな風に考えていたなんて意外でした、とぼくが漏らすと「いや、もう大切なのは勝つこと」とも念を押すように言った。

ただし――。

上宮高校の野球部の人たちとは今も付き合いはあるのですか、と訊ねると、それがないんです、と元木は頭を掻いた。

野球部、特に甲子園に出場するような強豪高出身者は厳しい練習を耐えてきた仲間の結びつきが強い。卒業後も連絡を取り合い、助け合っているという話はよく耳にする。

「同窓会とかやるにしても（その年代の）キャプテンがまとめるじゃないですか。キャプテンが俺だからやらない」

別にいいやって、と笑った。〝個〟の考えは、好打者のSIDであった。

内野手のSIDと打者のSIDは、しばしば相反する。自分の中でどのように折り合いをつけることが出来るか。元読売ジャイアンツの川相昌弘は元木と少し違う。

ジャイアンツに入ったばかりの頃、元木は川相のように一軍で生き残る特徴を身につけようと考えたという。ただし「川相さんのバントには負ける」とも思った。川相は内野ならばどこでも守れ、そしてバント――犠打の世界記録を持つ男である。

川相はバントだけではない。九四年に三割二厘という好成績を残している。各球団がエース級をぶつけてくるジャイアンツ所属、そして松井秀喜、落合博満という三番、四番に繋ぐ二番打者としての役割を考慮すれば、数割増しで評価していい数字だ。

それでも川相らしい、と言えるのは犠打であり、内野を全て守れるという守備である。九九年シーズン、ジャイアンツに近畿大学から二岡智宏が入っている。二岡もまた遊撃手だった。監督の長嶋茂雄は将来性、打撃を買って、二岡を先発起用した。

新人選手にはじき飛ばされる形になった川相は腐らなかった。遊撃手に加えて、二塁手、三塁手の練習を志願したのだ。

川相は事も無げにこう言った。

「(二岡が来たからといって)はい、どうぞと引き下がるつもりはなかった。二岡がショートならば、自分はセカンドでもサードでも出来ます。レギュラーになる前にやっていたポジションですから。試合途中から出てもいい、守備固めでもいい。どんな使い方をされてもいいと思っていました」

川相は高校までは投手だった。プロ入りと同時に内野手へ配置転換されている。

バント処理を得意としており、グラブ捌《さば》きには自信があった。ただし、小学生時代のソフトボールを除いて、内野を守ったことはなかった。だからこそ、プロ野球のスカウトから野手としての獲得を考えていると言われたとき、驚いたという。

川相はこうも言っている。

「チームの勝利のため、任されたことは徹底してやりたいという気持ちがぼくにあった」

まさに内野手としてのSIDである。

川相ほどの能力、適応力があれば投手としてもある程度の結果を残していたかもしれない。ただ、世界記録を作り、同期のプロ野球選手の中で最も長く現役生活を続けるまでの選手にはならなかっただろう。

◉捕手は〝疑い屋〟——野村克也

「投手」、そして重複する「打者と野手」というグループともう一つ、「捕手」という全く異質のSIDがある。

取材相手として最も厄介かつ、内容が濃いのはこの捕手出身者である。

前出の野村克也は、配球が打者に読まれているのではないかと観察し、疑うのが捕手の資質であると書いてある。

〈なにせ9人のなかでただひとり反対側を向いて守っているのだ。加えてそのすぐ間近に打者が立つ。扇の要とはよくいったもので、捕手の判断ミスが命取りとなるだけに、捕手は常に「疑い屋」でいなければならない。

私は現役時代、「狙い打たれたら100パーセント捕手の責任」と自覚して試合に臨んだ。自分が責任を負わなくてはならないのだから、いい加減なサインは出せなくなる。「狙われているんじゃないか」「読まれているんじゃないか」「クセが出ているのではないか」、常に不安を抱いていた〉（『野村ノート』）

野村には二〇一一年九月に三時間ほど話を聞いた。

一九三五年生まれの野村は、京都府の峰山高校を卒業後、南海ホークスに入った。テスト入団である。父を早くに亡くした野村は、貧しい家庭で育った。プロ野球選手になろうとしたのは手っ取り早く金を稼ぐことが出来ると考えたからだった。

「入ってすぐに、こんなことを言われたんだ。〝テスト生は三年でクビ。一軍に上がったのは一人もいない〟って。あれはショックだった。〝おまえは『壁』で獲られたんだ〟とも言われた。なんですか、壁って？と聞いたら〝壁にボールをぶつければ返ってくる。それがお前ら。ブルペンで球を受けているだけだ〟」

投球練習のために一定数の捕手が必要である。頭数を揃えるために採用された人間だったのだ。

ある投手に「そこの壁、ちょっと来い」と呼びつけられたこともあった。

「壁のブルペンキャッチャーはみんなその人に捕まらないようにしていた。普通は受けるときにカーブとかストレートとか（球種を）教えてくれるんだけれど、この人はノーサイン。昔の人はいいカーブを投げたから、ズドンと当たると痛い。必死で捕らないといけない。ボールを返すと、少しでもずれたら捕ってくれない。ピッチングの終わりに、中腰になって構えろって言われるんだ。それで半分ぐらいの場所から思いきり投げる。それは怖い。受け損なったら大怪我だよ」

生き残るには練習しかなかった。寮でバットを振っていると、先輩たちが冷ややかな声でこう言った。

――野村、バット振って一流になれるんだったら、みんな一流になっているよ。この世界は才能、素質だ。憂さ晴らしに行こう、早く着替えてこい。

「行かなかった。金もないし、着ていくものもない。ずっと学生服だったから。一人になって冷静になると、そうかな、先輩の言う通りかなとぐらぐらした時期もあった。確かにバットを振っても次の日は思ったように打てない。でも、どうせクビになるならば、後悔せんようにクビになろうと思った」

野村はこうした苦労話で人を惹きつけるのが上手い。とにかく二四時間、野球しか頭になかったと野村は言った。

「二年めの終わりにバッティングのコツを摑んだんだ。一〇球のうち、七、八球は気持ちいいぐらいの打球が飛ぶ。あのときは眠ると（その感覚を）忘れるんじゃないかと怖かったね。それで夜中に起きて、バットを振っていたらしい。〝怖いよ、夜中にバットなんか振るなよ〟って言われた。こっちはわからないから〝そんなことをしていたか〟って聞いたぐらい」

打者として開眼したのは、テッド・ウィリアムズの著書『バッティングの科学』を読み解いたときだった。

「あの本は何回読んだか、わからない。でも参考になるのは一行だけ。ピッチャーが振りかぶるときに、何を投げるのか八割以上わかるとさりげなく書いてあった。最初はその意味がわからなかった。癖という言葉を使えばわかりやすくなる。ピッチャーはキャッチャーのサインを見た後、次に何を投げるのか一〇〇パーセント決めている。そこに小さな変化がある。そういうことなんだと思った。あれからブルペン行っても、味方のピッチャーを見ていても面白くて。それから（打撃が）楽しくなった」

〝疑い屋〟の捕手らしい、打撃術である。

野村は、現役二六年で通算安打二九〇一本、本塁打六五七本、そして三冠王を獲得した球界を代表する強打者となった。

ぼくが野村と会ったのは、継子である代理人の団野村のルポルタージュを書くためだった。ただし、半分近くは、妻の沙知代に対するぼやきだった。取材の後、団から電話が入った。何事かと思って出ると、「監督（野村）がサッチーのことは書かないで欲しいと言っている」という。もちろん、本筋とは関係ない内容で原稿にするつもりはない。しかし、そもそも書いて欲しくないのならば、あれほど長く話をしなければ良かったのに、と思った。一筋縄ではいかない人だと、笑みを噛み潰した。

その他、捕手では元広島カープの達川光男にも長時間話を聞き、元千葉ロッテマリーンズの里崎智也とはトークショーをした。二人とも、それぞれ質は違うが、野村と同じ匂いがあった。

達川はぼくにこう言った。

「野手っていうのはチームが勝てなくても、自分だけ打っていればタイトルが獲れる。ピッチャーは自分の投げているときは勝ちたいと思う。一番勝ちたいと思っているのは監督なんよ。キャッチャーというのは監督よりも勝ちたいと思っていなければならない。その思いをどれだけピッチャーに伝えられるか」

里崎は、同一リーグの五球団の主力打者、それぞれ一四人から一五人、交流戦で対戦する六球団の先発打者全員、合わせて一二〇人から一三〇人の打者の長所と短所、打球方向、カウント別の対応などのデータを頭に入れていると教えてくれた。

「寝起きどっきり、みたいな形でたたき起こされて、いきなり質問される。あるいは酒を飲んでいるときでも、選手の名前を出されれば全て答えられる」

それが捕手の最低条件です、と笑った。その上で投手の特性を考えて配球する。先輩であっても臆せず自分の考えを伝える。その配球に従わない投手には、責任を持てないとはっきりと言う。当時のエースだった清水直行とは試合中に口論となったこともあるという。三人とも責任を背負い、一筋縄ではいかない性格は共通だった。捕手のＳＩＤとは、この二つと〝疑い屋〟に集約されるといってもいい。

捕手は野球選手の中でも少々特殊だ。そのため運動能力が高くとも、捕手に向かないという選手もいる。

和田一浩は一九九六年のドラフト四位で社会人野球の神戸製鋼からライオンズに入っている。このときのポジションは捕手だった。しかし、ライオンズに伊東勤という不動の捕手がいたこともあり、外野手に転向し打者として結果を残すことになった。

和田は神戸製鋼に入るまで、打撃には自信がなかったという。

「プロに入る選手ってエリートって思われてるじゃないですか。ぼくはそういうのが全くなかった。逆に自信を全て折られながら来ている。自信があったつもりが、全部通用しない。そんなことばかりでしたね」

和田の話しぶりは木訥としており、どんな質問にも誠意をもって答えようとしているのが伝わった。明らかに捕手のＳＩＤではない。ライオンズのコーチたちは早くから彼を野手にコンバートしようとしていたというのも頷けた。

和田は子どもの頃、肥満体だったという。躯が重くて動けないと判断されたのだろう、捕手に収まることになった。運動能力が優れていれば、ある程度の水準まで、ＳＩＤが合わなくともこなせる。しかし、プロ野球のように、全国から高い能力が集まっている場所では適性が問われる。

捕手向きではないと見抜いたコーチたちに出会い、それを受け入れて打撃を必死に努力した和田。これも人生の妙である。

◉二刀流のＳＩＤとは――大谷翔平

投手、野手とＳＩＤで分類するならば、二刀流の大谷翔平を取り上げなくてはならない。いったい、彼は投手と打者、どちらのＳＩＤなのかと――。

残念ながら、ぼくは大谷を取材したことがない。ただ、大谷には興味を持っている。毎朝、彼の所属するロサンゼルス・エンゼルスの試合中継を楽しみにしていた。ただ、取材するとなると厄介な選手だろうなと思っていた。

そう確信したのは、二〇一七年一一月にポスティング制度を使って、北海道日本ハムファイターズからメジャーリーグへの移籍を表明したときだ。

ポスティング制度は、九八年に調印された「日米間選手契約に関する協定」に基づいている。フリーエージェント資格を持たない日本のプロ野球選手が、メジャーリーグ移籍を希望し、所属球団が認めた場合、ポスティングが行われる。所属球団は「契約可能選手」として告知。獲得の意思があるメジャーリーグ球団は告知から四〇業務日以内に入札額を提示し、最も高い金額を提示した球団に独占交渉権が与えられる。

大谷がポスティング制度を利用することが発表された後、メジャー三〇球団のうち、二七球団が、事前資料を送付してきたという。まずはその中から七球団に絞り込んでいる。

大谷はこの選定作業について佐々木亨著『道ひらく、海わたる　大谷翔平の素顔』でこう語っている。


〈プレゼンの資料で、すべてが伝わるわけではないし、そこから絞れるとなれば簡単には絞れない。資料だけで、果たして計れるものがあるのか、ないのか。伝言ゲームじゃないですけれど、通訳を通しての会話で、僕の真意ではないところで変に伝わるのも嫌でしたし。本当に難しかった。7球団に絞るところが一番、難しかったですね。

ただ、物理的に全球団に（直接会って）話を聞くのは無理なので。いろいろな球団はありましたが、結局は一つに行くわけですし、無暗やたらと交渉期間を延ばしても他球団に悪いですし。決めるんだったら決めるで、スパッと決めないといけないとは思っていました。特にこの球団が良くて、この球団が悪くてというのはありませんでした。全球団ともに一生懸命に資料を作ってくれていましたし、本当に嬉しかった。そのなかで、ア・リーグやナ・リーグなど（選定要素は）いろいろなものはありましたが、そこは僕にとって重要ではなくて、実際にプレイする上で自分がよりイメージできた球団をまずは絞りました。結局は行く可能

性が高くなる7球団を選んだという感じでした〉

『大谷翔平の素顔』では著者の佐々木氏が丁寧に話を聞いている。大谷が話したことを忠実に文字にしているはずだ。だからこそ、彼の特質が露わになっている。つまり、言葉は尽くすが内容は乏しいということだ。

彼の発言を手短にまとめるとこうなる。

どの球団の提案も誠意が伝わり、甲乙付けがたい。相手の都合もあるので早く決めなければならなかった。自分の基準で七球団を選んだ、と。

彼が最終的に選んだのはエンゼルスだった。なぜエンゼルスを選んだのかについて、再び同書を引用する。

〈「最終的な決め手……何でしょうね……」

改めて思い返しながら、大谷は本音を語り始めた。

「そこはフィーリングなんですよね、本当に。自分がお世話になる球団として、しっくりくるというか。自分がユニフォームを着て、グラウンドに立って、野球をやって、ダグアウトに帰って、生活をしている。それらをイメージしたときに、なんか『いいな』と思うのがあったんじゃないですかね。決してエンゼルスだけがよかったわけではなくて、本当に20数球団ともにすばらしいお話を持ってきてくれて、各球団ともにすばらしいGMがいて、すばらしい組織で、すばらしい資料を用意していただき、すばらしいプレゼンをしてもらいました。ただ最終的には一つに絞らなければいけないというのは決まっていて。

ある程度、アナハイムに決めようかというところまでいったとき、これからお世話になるかもしれない方々なので、もう一回話を聞いてみたいと思いました。僕がいたところからアナハイムは近かったですし、わざわざチームに足を運んでいただくのは申し訳なかったので、僕たちのほうから向こうへ行きました。実際に球場も見たいと思ったし、挨拶もしたいと思ったので。話をして、施設を見て。そこで改めて『いいなあ』って。最後はアナハイムに決めました〉

言葉数は多いが、内容はほんどないという小泉進次郎的〝話法〟のようだ。国民への説明義務のある国会議員である小泉と、大谷の立場は全く違う。ただ、揚げ足を取られないようにしているのか、慎重に言葉を選んでいることは似ている。

◉餓鬼大将のその先へ

書き手として、ぼくはアスリートを文字と親和性のある人間とそうでない人間の二種類に分けている。この区分は、アスリートとしての優劣とは関係がない。

前者で真っ先に思いつくのは、江夏豊である。

江夏にはノンフィクション作家、山際淳司の手による『江夏の21球』という短編がある。一九七九年、広島カープと日本ハムファイターズの日本シリーズ第七戦を題材にした短編だ。この他、後藤正治にも『牙』という長編作品がある。こちらは、影がある江夏の生い立ち、彼の人となりが描かれている。

並外れた速球を投げ、ぶっきらぼう、そしてごつごつとした言葉を吐く彼は、書き手の琴線をくすぐる何かを持っている。

後者の代表は長嶋茂雄である。

長嶋は日本人に最も愛された野球選手だ。ところが不思議なことに、いわゆる〝タレント本〟は別として、彼を追った本格的なノンフィクション作品は皆無だ。彼の言葉は突飛で、文字にしてみると薄っぺらくなってしまう。天覧試合でホームランを打つなどの劇的な話も陳腐になりがちだ。

長嶋は映像と滅法相性が良い。彼が全力でバットを振り三振、その勢いで帽子を飛ばす。あるいはゴロを捕って、観客に一瞥するような余裕を見せながら一塁手へ投げる。どれも一連の仕草が美しく絵になる。テレビ時代のスターである。

大谷は後者に入る。大谷の躯の動きは、ほれぼれするほど美しい。しかし、言葉に引っかかりがない。

ノンフィクション作家の吉井妙子による『天才を作る親たちのルール』で母親の加代子は、大谷の育て方についてこう答えている。

〈「どうやって育てたのかとよく尋ねられるんですが、私たちに子育てのモットーなんてなかったし、家訓もありませんでした。私は子供たちが可愛い、可愛いと思いながら接してきただけ。ただ翔平は、3人兄妹の末っ子なので、子育ての経験もある程度得て、心にも時間にも余裕があったのが良かったのかもしれません。そして岩手という環境にも育てられました」〉

父親の徹は、岩手県の黒沢尻工業高校で甲子園を目指した野手だった。高校卒業後は三菱重工業横浜に入社、野球を続けた。そこで加代子と出会い、岩手に戻ることになった。

昼夜二交代の徹夜勤務もある中、徹はリトルリーグ、シニアリーグを通じて、大谷の所属チームのコーチを務めた。『天才を作る親たちのルール』で徹はこう証言している。

〈「翔平が小学校2年生の時から、会社の飲み会や友達との付き合いはしなくなりました。でも、子育てのために無理してそうした訳ではなくて、息子たちと野球をやっている方が僕自身も楽しかったんです。寝なくても足が向きましたから」〉

優しい両親、伸びやかな環境の中で育ったことが伝わってくる。報道陣への彼の穏やかな対応はその現れだろう。

その人間しか出せない表現、感情の揺れ、あるいは意外な言葉を引き出すのが、プロフェッショナルの聞き手――インタビュアーである。癖があって取材嫌いな取材相手は、一歩懐に入れば面白い話を引き出せることが多い。

一方、難しいのは、誰にでも同じ調子で、同じ言葉、それも当たり障りのない言葉を使う人間である。つまり大谷のような被取材者だ。

とはいえ、大谷の言葉、あるいは彼の選択から行動原則が浮かび上がってくる。

彼らしいのは、前述のポスティングの〝一次選考〟でニューヨーク・ヤンキースを外したことだ。

これに対してニューヨークのタブロイド紙『デイリー・ニューズ』は一面でこう書いた。

〈WHAT A CHICKEN！（なんて臆病者なのだ）〉

大谷は大都会を怖がっている、臆病者であるという調子の記事だった。

ベーブ・ルース、ジョー・ディマジオ、ルー・ゲーリックなどが在籍したヤンキースは、メジャーリーグの中でも特別な球団である。

伊良部秀輝は、ヤンキースへの移籍にこだわり、ロッテマリーンズと揉めた。彼は少年時代、ヤンキースに憧れ、ベーブ・ルースの伝記を読みふけっていたという。

伊良部はヤンキースタジアムに足を踏み入れたとき、感激したとぼくに教えてくれた。

「初めてバッグを持ってロッカールームに案内された瞬間、ここが小学校の時からずっと夢見ていた場所なんだ、と。ヤンキースって伝統をすごく重んじるところなんです。ぼくの聞いたところでは、ヤンキースタジアムが出来たときから、ロッカーとかそのままに残しているそうです。それであるとき、一つか二つ使われていないロッカーがあることに気がついたんです。もしかして、あれはベーブ・ルースのだったのか、あるいは（ジョー・）ディマジオのものなのか。ヤンキースって凄い選手が沢山いるから、誰なのかはわかりませんけど、誰か（過去の著名選手）のロッカーなんですよ」

ヤンキースでは二三の背番号が永久欠番である。一桁台は全て埋まっている。それだけ輝かしい歴史に彩られた球団である。地元ニューヨークのメディアはそのヤンキースを大谷が門前払いしたことが許せなかった。

大谷は思慮深く、慎重な男だ。ヤンキースという球団の重みを知らなかったはずがない。

遡ること二〇一二年秋——。

大谷は一〇月にメジャーリーグ挑戦を公言した。ドラフト会議前の『週刊ベースボール』二〇一二年一〇月一九日号のインタビューでこう答えている。


〈「25歳が肉体的ピークだと思うので、27歳では遅いのかなと思います。日本を選択した場合でも、25歳でメジャーに挑戦していたい」〉


彼は自分の肉体が最高の状態のときに、メジャーリーグで力を試してみたいと明言している。周知の通り、ドラフト会議では北海道日本ハムファイターズが大谷を強行指名。メジャー行きを翻意させて日本球界入りにこぎ着けた。大谷にとってはファイターズで経験を積み、機が熟した段階でのポスティングだった。彼はヤンキースの価値を理解しながら敢えて外したと考えていい。自分が気持ち良く野球を出来る環境にしか興味がなかったのだ。

投手のＳＩＤの代表格、金田正一は、二〇一三年七月号の『ベースボールマガジン』で大谷についてこう語っている。大谷がファイターズに入った年だ。

〈大谷翔平という選手には、どのぐらいの力があるのか。周りがそれほど騒ぐほどのことなのか。騒いでいるのは、「二刀流でいく」というチームの方針を、マスコミが面白がっているだけではないか。

打つ方も、投げる方も、大谷がどちらにも素質を持っているのは確かだろう。しかし、別にそれは大谷に限ったことではなく、過去にも沢山いた。それでも「二刀流」などとは考えず、どちらか一つを選択して、どちらか一つを断念して、一流への道を進んでいった〉

金田もまた打撃を得意とした投手であった。投手として試合出場しながらの三六本塁打は歴代一位、その他、代打として二本の本塁打を記録している。

自分が打撃で好成績を残していることについてはチーム事情と関係があったと明かしている。

〈国鉄というチームは、打てない、守れない弱小球団だった。よく今でも「このピッチャーはバッティングが好きですから」などという言い方をするが、当時は自分で好き好んでバッティングを練習したわけではない。己の力で打たないと勝てなかったから「好き」という以前に、勝つために練習したまでのことだ〉（前掲誌）

一流の道とは、投打のどちらかを極めることだ。両方を極めるなどおこがましい。自分でさえ、投手に絞ったのだ――。

金田の言葉を補うとすれば、こんなところだろうか。

ある時期、ぼくは野球関係者に会うごとに大谷についてどう思うかと聞いた。

その中でぼくがなるほど、と思ったのは、前田幸長の答えだった。

「大谷見てると、こいつ野球やっていて楽しいんだろうなぁって思うんですよ。投げて打って、本当はみんなやりたいことじゃないですか。それを彼は高いレベルで出来ている」

自分が気持ち良く野球をやるために、投手としてマウンドに立ち、打席に入る。それだけである。大谷のＳＩＤは金田と同じ「投手」だろう。

第四章

決める「9番」、愛される「2番」――サッカー

◉背番号とＳＩＤ

サッカーではゲームの始まりこそ、フォーメーションがあるが、相対する選手の能力、自分たちのコンディション、相手の戦術に合わせて緩やかにポジションを修正していく。強いチームであるほど、臨機応変にチームの形を変えることが出来る。

ただ、試合の中での一定の役割は決まっている。いくつかの背番号ははっきりとチーム内での役割を示している。ブラジルでは子どもであっても、ユニフォームを渡されると与えられた立場を理解するものだ。例えば、9番ならばフォワード——ストライカーであり、10番は攻撃的、8番ならば守備的な中盤の選手。4番はセンターバック。どのようなフォーメーションなのか、そして選手の特性によって多少の差異はある。しかし、4番の選手に10番のプレーが求められることはない。

プロ選手になると、名前入り番号入りのユニフォーム販売という、商業的な思惑も入ってくる。そのため、所属チームでは好きな背番号を選ぶこともある。ただ、ブラジル代表としてワールドカップに出場する際には、レギュラー選手は基本的に11番以内を付ける。それがセレソン——ブラジル代表の重みでもある。

中でも10番は特別な番号だ。正確には、この番号をつけていたペレが「10番」を特別なものにした。

スウェーデンで行われた一九五八年のワールドカップに彼は一七歳で出場、ブラジル代表の初戴冠に貢献した。ペレとブラジル代表は六二年、そして七〇年大会でも優勝。特に七〇年大会のセレソンは史上最強だったとブラジルでは語り継がれている。

ただし、この時代、9番と10番の定義は未分化で曖昧だった。それが固まっていくのは七〇年代後半から八〇年代にかけてである。セレソンではジーコの時代だ。

彼は10番についてぼくにこう語った。

「その番号にみんなが夢中になるのは、ゴールの近くに位置することが多いポジションだからだろうね。チームの中心選手が10番をつけることも多い。どんな選手が10番に相応しいかと聞かれると、答えは難しい。自然に備わったものというか、持って生まれてきたものだと思うね」

近年10番の役割は変化し続けている。ネイマールはブラジル代表で10番をつけているが、彼が名前を知られることになったサントスでは11番のユニフォームをまとっていた。彼にはチームを背負うことのない11番の方が似合うと思うこともある。

ここではジーコや、やはりブラジル人のロナウジーニョ、アルゼンチンのディエゴ・アルマンド・マラドーナ、ロマン・リケルメ、フランスのジネディーヌ・ジダン（あるいは元コロンビア代表のカルロス・バルデラマ）を中心にアルゼンチン代表のメッシ、クロアチア代表のルカ・モドリッチ、そしてネイマールなどを周辺に置く広義の「10番」を念頭に置いて話を進めていくことにする。

野球の打撃と同じように、サッカーにも解明しにくい〝神秘〟が存在する。近代サッカーの特徴は、ゴールキーパーを除く二〇人の選手たちが、両チームの最終ラインの間に密集し、攻守が激しく入れ替わることだ。そんな中、糸を引いたように最短距離で味方に得点に繋がるパスを出す、あるいは相手チームの選手をドリブルで次々と交わして得点を決める選手がいる。

サッカーというスポーツの特徴は、脳から最も遠い場所である足を使用して、ボールを意のままに操ることだ。手と比較すると、足を思うままに動かすのは難しい。野球でコントロールの良い投手を、〝ボール一つ分の精度でストライクゾーンを使う〟と表現することがある。トップクラスのサッカープレーヤーでさえ、そこまでの精度でボールをコントロールすることは不可能だ。

また、パスというのは声を出して、意思疎通を図ってから動き出すのでは遅い。相手にパスコースが読まれてしまうからだ。時に視線さえも交わすことなく、二人の選手がイメージを共有し、ぴたりとボールを受け渡しすることがある。精度の低い足を使っているのに、だ。

相手の選手の重心がどちら側に乗っているのか、つまりどの方向に動けば相手は反応しにくいのか、瞬時に判断して、知恵の輪を解くように、空いている場所をするするとドリブルで抜く。世界のトップクラスの選手が集まった中でそうしたプレーをこなすのが、10番の選手たちでもある。

彼らは何を見ているのか、何を考えているのか、何を感じているのか——。

人は自らの姿を等身大に捉えることは難しい。自分の突出した能力は当然のものだと考える傾向がある。また、自らのプレーを反芻、思索し、言語化するのはまた別の能力だ。彼らにはその必要性がない。そのため、実際に彼らにその才能について訊ねても、凡庸な、ありきたりの言葉しか戻ってこないのがほとんどだ。

◉〝大局的な視野〟と〝記憶力〟――ジーコ

ただ、ジーコはぼくに手がかりをくれた。鹿島アントラーズで現役引退した直後、九四年一〇月に話を聞いたときのことだ。彼の脳、躯にアスリートとしてのなま温かい記憶が残っていた時期だった。

ジーコに「貴方の成功は、才能、あるいは後天的なトレーニング、どちらだと思いますか」と訊ねた。彼の答えはこうだ。

「天性の才能だと思う。ただし、才能を持っていても、それを磨く、伸ばすことが出来なければ駄目だ。ぼくの大切な才能は〝大局的な視野〟があることだった。ぼくはピッチの中にいても、パノラマ的に試合を見ることが出来るんだ」

ジーコはブラジル時代、リオ・デ・ジャネイロにあるフラメンゴに所属していた。フラメンゴが本拠地としていたマラカナンスタジアムを例にとってこう続けた。

「マラカナンならば看板やサポーターの位置、ラジオ局などのメディアの人間がどこにいるのか、それを見れば、どこにいるのかわかった。そしてぼくは記憶力が良かった。この二つの能力が成功の鍵だったかもしれない」

ジーコの能力をより明確に言語化したのは、フィジカルコーチのジョゼ・ロベルト・フランカラッチだった。

ジーコがフラメンゴに入ったのは一四歳のときだった。技術、才能は申し分なかった。ただ、問題とされたのが躯の小ささだった。そこで、フランカラッチの指導を受けることになったのだ。

九四年、ぼくはリオ・デ・ジャネイロの旧市街にある彼のジムを訪ねた。少年時代のジーコについて聞きたいのだと切り出すと、彼は壁を指さした。ジーコの躯が変わっていった様がわかるように、正面、横、後から撮った写真が並べてあった。

フランカラッチはジーコを「ようやく探し当てた宝石のようなものだった」と評した。

「彼が特に優れていたのは、ポジショニング。ゴールポストを超えられるほどの跳躍力と身長があってもヘディングで得点を決められない選手がいる。ところが、ジーコには跳躍力などいらない。素早く動く必要もない。ボールが来るところにいる」

そのポジショニングを取れるのは、俯瞰的にピッチを見ているからだとフランカラッチは指摘した。

「スタンド席から見ている観客は、ピッチの上の選手よりも試合の全体像を摑んでいる。だから、いい選手というのは、観客がこうしろと思ったことを出来る選手だ。でもジーコたちは、観客たちが気がつかないような〝道〟を発見して、パスしたりドリブルできる」

ピッチにいる選手は自分の目線で試合を見ている。しかし、ジーコは〝上〟から試合の流れを把握していたという。

「ジーコはボールが来たときに四つの選択肢を持っていた。その中から一瞬で最適な判断をする。ジーコ以上だったのはペレ。ペレは五つ選択肢を持っていた」

フランカラッチはウエイトトレーニングの他、栄養の指導、さらに精神的なケアもしていたという。

「日によってはトレーニングをせずに、プロとしてどのような立ち居振る舞いが要求されるのか、について話し合ったこともあった。こうしろと指示するのではなく、自分で考えるように示唆した。プロ契約するということは一人前の人間になるということ。プロになるまでにそうした過程を踏むことが大切なんだ」

ジーコが少年だった一九六〇年代、すでにブラジルでは選手の判断基準として、ボール扱いといった技術、身体的能力に加えて、視野の広さ、判断の速さ、そして精神的なケアが考慮されていたのだ。

◉10番はピッチの外でも「10番」

俯瞰的な視野と記憶力というジーコの才能をぼくははわかったつもりだった。しかしきちんと理解したのは、ずいぶん後になってからだ。

ジーコは日本代表を率いた二〇〇六年のワールドカップ・ドイツ大会の後、トルコ、ロシア、ギリシア、そしてインドのクラブチームの監督を務めた。ごく短期間で終わったギリシアを除いた全ての国をぼくは訪れてインタビューした。

その中には日本代表時代の話も含まれる。例えば、二〇〇六年ワールドカップ初戦、オーストラリア戦だ。日本代表は一点を先制したが、七分間で三点を獲られて逆転負けした。ジーコは自分の意図を選手たちが理解せず、間違ったポジショニングを取ったと嘆いた。そしてテーブルの上を指差して選手の位置を説明した。

それはぼくが何度も試合映像を見直して確認したのと同じだった。

「この試合をビデオで見直したりしたの?」と何気なく訊ねるとジーコは、そんなことをするはずがないだろうという表情で素早く首を振った。

監督であるジーコは、ピッチ横のベンチにいた。彼は横から二次元的に試合を見ていたにも関わらず、三次元的に捉え、はっきりと記憶している。これが彼の才能なのだとはっとした。

彼の能力が発揮されるのは、〝仕事〟だけではない。ジーコはリオ・デ・ジャネイロの高級住宅地、ババ・ダ・チジューカで『ジーコ・サッカー・センター』を運営している。そのピッチを使って、ジーコはしばしばスタッフたちと草サッカーに興じていた。ジーコはその時の話をたまにする。誰がどんな風にパスを失敗したのか、ひどいシュートを打ったのか——実に克明だった。

「シュートはゴールにパスをするように打て」というジーコの有名な言葉がある。これは得点を決めるために、力一杯ボールを蹴らなくてもいい、きちんとコースを狙えという意である。

彼はぼくにこう言ったこともあった。

「サッカーでは派手なプレーは必要ない。きちんとボールを止めて、正確なキックで味方に渡すこと。サーカスのようなプレーは、ペラーダ(草サッカー)でやってくれ」

他の選手の位置を俯瞰し把握して、選択肢の中から最適の判断をする。正確なキックで繋ぐ、ドリブルで運ぶ、あるいはシュートを打つ。そうした選手は周囲から頼られるようになる。

一九八〇年代から九〇年代にかけて、もっとも典型的な10番であったマラドーナは、所属クラブとアルゼンチン代表で常にキャプテンマークを巻いていた。10番の能力は人格形成に繋がると考えるのは自然だろう。

ジーコはピッチの外での振る舞いも10番らしい。自らが主宰するサッカーセンターに、かつての同僚たちを集めて面倒を見ている。有能なサッカー選手ではあっても、器用に生き抜く能力がない人間もいる。ジーコはそうした人間たちに手を差し伸べているのだ。

◉点取り屋のSID

サッカーのポジションの中で、プレーと人間性――SIDの関与の度合いが最も深いのは「9番」の選手、点取り屋――ストライカーである。

オリンピック代表のフォワードでもあった松原良香の著書『ストライカーを科学する』の中で、元フランス代表のダビド・トレゼゲはストライカーの資質を八つ挙げている。

〈とにかく仕事をすること〉〈トレーニングに励むこと〉〈チームのシステムをすぐに理解すること〉〈チームメイトを理解すること〉〈監督の言うことを理解すること〉〈技術〉〈メンタル〉そして〈性格〉である。

この中で最後に〈性格〉を挙げていることが目に付く。SIDである――。

近代サッカーにおいては、フォワードも前線からボールを追い回し、守備に貢献することが求められる。その中でも得点を決められるストライカーは珍重される。背番号は7ではあるが、ポルトガル代表のクリスティアーノ・ロナウド、あるいはウルグアイ代表の9番であるルイス・スアレスのような選手である。

少し前の選手になるがブラジルのロマーリオ。彼は愛着のある11番をつけていたが、そのプレー、振る舞いは9番そのものである。

六六年生まれのロマーリオは、リオ・デ・ジャネイロのバスコ・ダ・ガマからオランダのP

SVを経て、スペインのバルセロナに移籍。九三―九四年シーズン、三三試合出場し三〇ゴールを挙げ、世界中にその名を知られることになった。九四年に行われたワールドカップアメリカ大会でも優勝の立役者となった。

ぼくは九七年から九八年にかけて、ブラジルのサンパウロを拠点に一年間、南米大陸を回っていた。その頃、彼はリオ・デ・ジャネイロのフラメンゴに所属していた。フラメンゴがサンパウロのクラブと対戦をするときは、彼を観るためにスタジアムに足を運んだものだ。

ぼくが最も印象に残っているのは、ポルトゲーザ戦だ。

開始から両チームとも攻め手を欠いた退屈な試合だった。お目当てのロマーリオにボールが渡ることも少なかった。いつものように彼は守備に力を割くという考えはなく、公園を散歩するようにペナルティエリア近くをゆっくりと歩いていた。

試合は〇対〇のまま、終盤に入った。ポルトゲーザはサンパウロ市内にある大きなクラブの中では最も人気がない。この日も観客席はまばらだった。それでも帰り道は混むだろう。早めに腰を上げようかと思った、その時だった。

ロマーリオにパスが渡った次の瞬間、彼はいとも簡単にボールをゴールに蹴り込んでいた。ほんの一瞬だった。しばらくして試合終了、一対〇の勝利である。それまで彼はほとんど何もしていなかった。しかし、一つのプレーで決定的な仕事をした。八九分間消えていても、ほんの数秒輝きを見せればいい。まさにストライカーだった。

前線からボールを追い回して守備に走り回ってチームに貢献した、というのは言い訳になる。ロマーリオはそうではない。守備を全くしない彼が得点を挙げられなければ、非難の対象になり試合に起用されることもないだろう。

ストライカーは相手のディフェンダーからきつくマークされる。癖は全て研究されている。その状況で裏を掻かねばならない。いい意味で人を欺《だま》す能力である。加えて、失敗したときも、下を向かない気の強さが必要になる。自分の得点能力に対する自信、自負だ。それがストライカーのSIDである。

得点能力に秀でたストライカーがいるかどうかは、チームの成績に直結する。

八二年のワールドカップは象徴的だった。

大会前、前評判が高かったのは、ジーコのいたブラジル代表だった。前述したように、ジーコ、ソクラテス、ファルカン、トニーニョ・セレーゾの中盤、そしてサイドバックのジュニオールなど世界最高クラスの選手が揃っていた。彼らは言葉を交わさずとも意思疎通が出来た。少し前のバルセロナFCの黄金時代を思わせる、パスを自由に回す攻撃的なチームだった。

ソクラテスは当時のチームをこう評した。

「両サイドバックのジュニオールとレアンドロを加えた六人は、ポジションがなかった。中盤は一応、ジーコとファルカンが前の方で、ぼくとセレーゾが後ろとは決まっていただけだった。特に中盤の四人の動き方は、各試合ごとに違った。それを解説していたら、一冊の本でも足りないぐらいだ」

ブラジルは一次リーグの三試合全てに勝利し、二次リーグに進出した。三箇国で行われる二次リーグの初戦、ブラジルはアルゼンチンを退けている。続く相手はイタリアだった。イタリアは一次リーグで三試合連続引分け。ブラジルにとってそう難しい相手ではないはずだった。

ジーコは「一〇回対戦すれば八回は勝つことの出来る相手だった」と振り返る。ところがイタリアのパオロ・ロッシに三点を奪われて二対三で敗れた。パオロ・ロッシは八百長疑惑で二年間の出場停止処分から復帰したばかりだった。ブラジルを破ったイタリアは優勝、パオロ・ロッシは六得点を挙げて得点王となった。

ブラジルの敗因の一つは、絶対的な9番がいなかったことだ。

9番をつけていたのは、セルジーニョ・シュラッパだった。力のある選手ではあるが、中盤に比べると軽量級だった。ソクラテスによると、監督のテレ・サンターナの頭の中にはフォワードの順番があった。そのリストの先頭にあったのは、若手フォワードのカレッカだった。ところが、彼は大会直前に怪我をしてしまった。カレッカは後に柏レイソルでも9番をつけたストライカーである。

カレッカはぼくにこう言った。

「ぼくとセルジーニョ・シュラッパは違うタイプのフォワードだった。ぼくが先発して、セルジーニョが途中から入ったり、その逆もあった。ところが、ぼくは大会直前に怪我をしてしまったんだ。（イタリア戦に）タイプの違うフォワードが二人いればあんな結果にはならなかっただろうね」

カレッカは八六年、九〇年のワールドカップで9番をつけて、それぞれ五点と二点を挙げている。もし八二年に間に合っていれば、どうなっただろうか。

七〇年大会以降の近代ワールドカップを振り返ると、優勝あるいは上位に進出したチームには必ず、強力な9番的なストライカーがいる。唯一の例外は八六年のアルゼンチン代表だけである。八六年は9番以上の得点力を持つ10番、マラドーナの大会だったのだ。

◉エゴイストなだけではボールは来ない

ぼくが子どもの頃から時間を費やしてきたのは、サッカーだ。

生まれは京都市であるが、サッカーを始めたのは転校先の鳥取市だった。小学校三年生のとき、スポーツ少年団に入り、最初はサイドバック、その後、中盤、フォワードを任されるようになった。小学校のとき、市の選抜チームとして、日本リーグの前座試合に出場、生まれて初めて芝生の上でボールを蹴ったことはいい思い出だ。

その後、中学校でもサッカーを続けた。高校は進学クラスと普通科、商業科に別れており、学業と部活を分離するという方針の学校だった。進学クラスのぼくは入学直後にサッカー部の練習に参加したが、長くは続かなかった。そのためやりきっていないという後悔をずっと躯の中に抱えており、草サッカーを続けることになった。

大学を卒業してからは、サッカーは仕事の一部となった。二〇〇一年から数年間、パラグアイ、ポルトガル、フランスリーグでプレーした元日本代表の廣山望を追いかけたこともある。パラグアイでは、代理人が所属チームの決まらない選手たちを集めて練習していた。そこに廣山と一緒に参加した。

中にはパラグアイユース代表として二〇才以下で行われるワールドユースに出場した経験のある選手もいた。人数合わせで紅白戦にも出場した。するとウルグアイの名門クラブであるナシオナルにいたディフェンダーから両足にタックルを受け、宙に舞った。三〇歳過ぎのアマチュアを相手に本気を出すなよと空中で呟き、地面に打ち付けられた。

フランスでは、元フランス代表でイングランドのプレミアリーグのフラムで稲本潤一と同僚だったジェロームや、レアル・マドリードのマケレレと共にカメルーン代表としてワールドユースに出場した男（とてつもなく強い下半身をしていた！）、ドイツのメルヘングランドバッハで9番をつけていたアルジェリア系フランス人のドリスなどとも一緒にボールを蹴った。

その他、スペインに滞在し、日本人サッカー留学生に混じって、デポルティーボ・ラ・コルーニャのコーチから指導を受けたこともある。当時三〇代だったぼくは自分の躯でサッカーを感じたかったのだ。

どこの国でも水準が高くなると、得点に絡むフォワードはなかなかやらせてもらえない。ぼくの身長——一七八センチ程度だと、日本はともかく他の国ではフォワードとしては小柄である。その小柄さを補うほどの技術や敏捷性もない。そのため、サイドハーフに回されることが多かった。

そこで気がついたのは、9番をつける人間はどこの国でも似通っていることだ。ストライカーは〝エゴイスト〟であると表現されるが、それだけではなかった。

サッカーとはコミュニケーションのスポーツである。どれほど優れた選手であっても、ボールが回ってこなければ何も出来ない。マラドーナやジーコ、メッシのような世界的に名前の通った選手ならば自然とパスは集まってくるだろう。しかし、無名、あるいは格下だと思われている選手は練習から自分の力を見せつけなければならない。ある時期まで日本人選手が欧州リーグで苦労したのは、日本という国の水準が信用されていなかったからだ。

フォワードは特に難しい。ヘディングが強い、あるいは足元でボールをもらいたいなど、ストライカーはそれぞれ自分の形を持っている。そうしたパスを出してくれなければ、力を十分に発揮できない。そのため、いい9番の選手はよく味方の選手の動き、癖を観察している。

そんな話を前出の松原良香と話したことがある。すると彼は我が意を得たりとばかりに「そうなんですよ」と深く頷いた。

松原と初めて会ったのは二〇〇二年一〇月のことだ。ぼくはポルトガルで廣山を取材した後、パラグアイを経由してサンパウロに入った。知人から誘われて、サンパウロ州のグアラチングタというクラブで練習参加している松原を見に行くことになった。

松原の噂は以前から聞いていた。

高校生時代、静岡県大会決勝でファールされた相手を追いかけた。審判が見ていない場所で軽く蹴ると、その選手が大げさに痛がり退場。途中出場してから一分ほどでピッチを去った。

あるいは——。

清水エスパルス時代、練習が終わった後にタクシーで東京まで遊びに行き、朝まで酒を飲んで渋谷に泊まり、翌日の新幹線で帰った——という類の話である。

彼は九八年のアトランタオリンピックでブラジル代表に勝利したときの一員だった。そのことを鼻にかけた、不遜な男だとぼくは思い込んでいた。

松原は九九年からクロアチア、スイスなどでプレー、二〇〇〇年に帰国して湘南ベルマーレに加わった。湘南との契約が切れた後、代理人から誘われてウルグアイに渡ったが、契約に至らなかった。そこで国境を越えてブラジルでテストを受けていた。彼は高校卒業後、ウルグアイに留学経験があり、南米には土地勘があった。

初対面の松原とはサッカーの話が尽きなかった。押し出しが強く生意気ではあったが、愛敬のある男だった。彼を誤解していたと思ったものだ。

翌朝からぼくは松原と公園を走り、ダッシュを繰り返した。そこから彼との付き合いが始まった。彼の引退後は、草サッカーでツートップを組んだこともある。彼からのパスをぼくは思いきり吹かしてしまい、ボールはゴールの遙か上を飛んで行った。すると「もうパス出しませんからね」ときつく叱られた。

◉ストライカーとパサーの〝相性〟

オリンピック代表時代、松原は中田英寿と一緒にプレーしている。中田は学年で松原よりも二つ年下にあたる。オリンピック直前、中田は一つ下の世代の年代別代表から滑り込んできた選手だった。

松原は中田と初めて練習した日のことをよく覚えていた。

「あいつは前（フォワード）の選手がどこにいるかよく見てますよね。それで動いたらボールが出て来る。そのスピード、角度が（他の選手と）全然違った。ただ、最初はフィジカルが弱かった。パワーが足りないなというのは感じましたけれど、前を見る感覚はありました」

松原は中田がいつパスを出してくるのか、すぐに感じ取れたという。

「最初からわかりましたね。（中田がパスを出す）タイミングで走らなきゃいけない。走らないのはぼくが悪い。ぼくが走っていいボールが来なかったら彼の問題。ちゃんと出せっていうだけ。代表クラスになると、ほんのちょっとした隙間でもパンとパスを出してくる。（中田）

ヒデは普通の選手なら出さないようなところを狙ってくる」

だからこそ、フォワードは他の選手の能力、癖を見抜かなければならない、繊細でなければならないのだと松原は強調した。

松原の言葉に説得力があるのは、選手としての実績に加えて、世界の一流選手を知っているからだ。

彼にとって最初のJリーグクラブ、ジュビロ磐田に、サルヴァトーレ・スキラッチがいた。スキラッチは九〇年のワールドカップイタリア大会で六得点を挙げて得点王になっていた。

「練習はほとんどチンタラですよ。チンタラチンタラでシュートは入らない。すぐに帰ろうとしますしね。このオヤジ、勝手な奴だなと思っていました」

ところが、試合になるとその〝チンタラしたオヤジ〟は姿を変えた。

「派手な技はないんですけれど、ターンとかもの凄く速い。プレーの予測が的確で、点を獲るためのポジショニングが非常に上手い」

そして、何よりプロフェッショナルだった。

「俺は点を取ったんだから金をくれ、みたいなことをすごくはっきりと言っていた。金のためにわざわざ日本まで来ているんだという感じ。日本人だったら言わないですよね。ワールドカップ得点王を獲って、本当に生活を賭けてサッカーしてるんだと思いましたね」

松原がもう一人印象に残っているストライカーとして挙げたのは、ダニエレ・マッサーロである。

マッサーロもまたイタリア代表として九四年のワールドカップアメリカ大会に出場。翌九五年にACミランから清水エスパルスに移籍していた。

松原は九六年に磐田から清水へ移籍、そこでマッサーロと同じチームとなった。彼もまた得点に拘るストライカーだった。

松原はこう振り返る。

「俺はここにいるから、お前はこう動けとか。守備なんか全然しないです。ディフェンスは全部ぼく。ぼくはフォワードなのにボールを追いかけて中盤まで戻って、（試合の）組み立てに参加したり。で、一番前でマッサーロが待っているんです。それで美味しいところは全部持っていく」

松原は当時を思い出したのか、楽しそうに笑った。

「その代わり、ぼくを大事にしてくれるんです。一緒に食事行こうぜとか。ピッチの外で抱き込むのが上手い。馬は合いましたね。いろいろと勉強になりました」

マッサーロが贔屓にしていたイタリア系ブラジル人の経営するイタリアレストランで食事をとり、釣りを一緒に楽しんだ。

「遊び方が上手で、イタリアの伊達男という感じでした」

シーズンオフ、彼がイタリアに一時帰国する際、車を自由に使っていいと鍵を渡されたこともある。

「彼は（三菱自動車の）パジェロに乗っていたんです。使わないから乗っていていいよって。そのパジェロで東京に繰り出しました」

自分が使えると思った人間は籠絡して、手元に引きつけておく。これもストライカーのSIDの一つに入れていい。自分を中心に回っていればご機嫌という意味では、投手に似ているかもしれない。

◉日本の「9番」とは——釜本邦茂

Jリーグというプロリーグの発足により、日本のサッカーは急激にレベルが上がった。今や、欧州リーグに日本人選手が所属することは普通になった。ただし、そのほとんどは中盤の選手である。フォワードであっても、自ら決めるというタイプは少ない。

かつては日本にもストライカーらしい男がいた。釜本邦茂である。

釜本は一九四四年に京都で生まれた。山城高校から早稲田大学、ヤンマーディーゼルに進んだ。当時の最高峰リーグである、日本リーグで二〇二得点、七九アシストを記録。いずれも歴代一位である。日本代表には一九才から選出されており、東京オリンピック、メキシコオリンピックに出場。メキシコオリンピックでは銅メダルを獲得、そのプレーを見た欧州のクラブから獲得の打診もあったという。

日本代表の「決定力不足」について、釜本に話を聞いたのは二〇〇四年のことだった。

釜本は日本人フォワードがシュートを打たないことを嘆いた。

「流れでボールを受けても、バックパスで返すだけ。彼らはテクニックは持っているんです。なんでそこで前に出て勝負しないんだろうと思う。失敗を恐れているのか。技術ではなくて、メンタルの問題なのかって考えるんですよ」

ストライカーのＳＩＤである——。

そして「（勝負に）行きゃあいいんだよ」と、興奮した口調になった。

「点を獲るポジションにおるんだよ。なんでシュートを打たないの。〝自分がここで無理しなくても仲間にパスをして点を入れてくれれば勝てる、それでいい〟っていう奴もおるわけ。そういう考え方をする奴がヨーロッパ（のクラブ）に行って、試合出してもらえるはずがないじゃない。前におる奴は点を獲らないと誰も信頼してくれません」

釜本は今の選手たちは貪欲でない、と不満げだった。

彼の現役時代、欧州や南米のリーグの試合映像を入手することは困難だった。そのため欧州遠征などでは、食い入るように試合を観戦したという。

「スピードで行くのも、テクニックで行くのもストライカー、点取り屋。色んなタイプがいる。自分がどんなタイプでやっていくのか。俺のタイプは非常にパワフルなストライカー。ペレとは違う。ペレにはなれん」

参考にしたのはポルトガル代表の黒人フォワード、エウゼビオだった。

彼は高校時代、中盤の選手だった。

「上がり目のトップ下。10番の選手だよ。その後、9番をつけてトップをやり出した。10番は前を向いている、9番は後ろを向くわけだよ」

中盤の選手はゴールに向かって、ボールを運ぶ。前線の選手はそのボールを受けるため、ゴールに背を向けることになる。

「ボールをもらってから振り向かないといけない。最初はなかなか巧くいかない。躯が大きいもんだから、最初はどんくさい奴だってよう言われたね」

前線でボールを受けてキープして、両サイドの選手にパスを散らせる、あるいは躯を反転させて前を向く――。いわゆるポストプレーである。

「それで半身で受けるようにした。アウトサイドでピュッと止める。そんなこと出来るのは今のJリーグでも何人もおらへん。でも、外人（選手）は止めるよ」

釜本は立ち上がると、躯を横にして右足の外側でボールを停める仕草をした。

「こんなこと教えられるもんじゃない。自分でやらなきゃしょうがない。そうでしょう。ボール蹴って何千万ももらってるんやったらさ、自分で考えてやりなさいって話になる。昔の金田さんは、〝カーブの放り方教えて下さい〟って来た若手選手に〝金よこせ〟って言ったらしいよ」

それと同じや、と大きな声で笑った。

釜本と話をしながら金田正一の顔が浮かんでいた。そのため釜本が金田の名前を出したとき、思わずにやりとした。金田ほどの突き抜けた明るさはないにしても、自らの才能に対する自信、無謬性を疑わないところは似ていた。

子どもの頃、ぼくは釜本の実家の近くに住んでいた。そのまま住んでいれば釜本と同じ山城高校に進学するはずだった。そんな親近感もあって、中学生のとき釜本の著書『ゴールの軌跡』を手に取った。その中には、敏捷性を高めるために、〝新宿歌舞伎町の通りを人の流れと逆にステップを踏みながら歩く〟〝電車の中でつま先立ちで立つ〟という彼が編み出した練習法が書いてあった。別れ際、中学生のとき、釜本さんの真似をして電車の中でつま先立ちしていました、と言うと、彼は「(本に) 欺されて、真似した奴はいっぱいおるんや」と悪戯っぽい顔をした。この不遜さもストライカーのＳＩＤである。

少年期において、運動能力の高い選手はフォワードに回されがちだ。彼らが得点を挙げれば、チームは勝利に近づくことになる。指導者としては当然の選択だろう。しかし、年代が上がるともに、周囲からの要求は高くなっていく。その中でストライカーであり続けることは難しい。

Ｊリーグではフォワードに外国人選手を補強することが多い。我が強く、異国の地で生き残らなければならないと考えている彼らとポジションを争うには、釜本のような精神的な強さ——ストライカーのＳＩＤが必要だ。

別のポジションをこなす器用さ、それを導く指導者との出会いがあれば生き残ることはできるかもしれない。しかし、子どもの頃からフォワードだけで来た選手、フォワードしか出来ないと思い込んでいる選手は、淘汰されていく。

技術や身体的能力に加えて、ストライカーのＳＩＤを持っているかどうかを早い段階で見極めることも大切である。

◉ワールドカップで優勝する家族——ドゥンガ

サッカーの戦術の進化は激しい。ジーコやマラドーナのように試合をコントロールする10番は古典的になってしまった。9番も、スペイン代表が二〇一二年の欧州選抜で採用した、9番を置かない「ゼロトップ」、あるいは自らは囮になり中盤の選手の得点力を生かす「偽9番」という戦術がある。それでも10番9番と言うだけで、その役割は大まかに伝わる。

「8番」も同じだ。

前出の八二年のワールドカップでブラジル代表の8番をつけていたのはキャプテンのソクラテスである。ただ、セレソンの8番の印象を決定づけたのはドゥンガだろう。ドゥンガは九〇年のワールドカップでは4番、優勝した九四年と準優勝の九八年大会で8番をつけている。

ぼくがドゥンガと初めて出会ったのは、二〇〇二年五月、ドイツのデュッセルドルフで行われたボルシア・ドルトムント対世界選抜のチャリティマッチだった。ぼくは世界選抜に入った廣山望に同行していた。

世界選抜チームとは銘打っていたが、ニュージーランド代表だったウィントン・ルーファーを除けば、監督のマリオ・ザガロの他、ベベット、アウダイール、タファレル、ドゥンガ、ジョルジーニョといった九四年の優勝メンバーの他、ポルトガルリーグで得点王だったジャウデル、左利きのテクニシャンであるゼ・ロベルトなどほぼ元ブラジル代表だった。

このチャリティマッチは、ジョルジーニョが生まれ故郷であるリオ・デ・ジャネイロの貧民街に開いた子どもたちのための施設を支援するためだった。ジョルジーニョは鹿島アントラーズに加入する前、ドイツのバイエルン・ミュンヘンでプレーしていた。ドイツ時代の友人たちがジョルジーニョのために試合を企画したのだ。

ぼくと廣山にはブラジル人たちと同じホテルが割り当てられていた。ジョルジーニョの手配で、ぼくたちはブラジル人たちと夕食を共にすることになった。敬虔なクリスチャンであるジョルジーニョは、食事前に祈りを捧げた。その後、ジョルジーニョはぼくと廣山をみんなに紹介した。そこに少し遅れて到着したのが、ドゥンガだった。

それから食事、記者会見、そして試合会場までのバス移動の全てにぼくは付いて回ることになった。ザガロを中心として、長男であるジョルジーニョとドゥンガがまとめている家族のようだった。ワールドカップで優勝するチームというのはこういうものなのだとつくづく思った。

ジョルジーニョに「ロマーリオが来てないね」と話しかけると、ふっと鼻で笑った。あいつは仕方がないという風だった。

ジョルジーニョ、そしてドゥンガとはその後も付き合いが続くことになった。ドゥンガもジョルジーニョと同じように、出身地であるブラジル南部のポルト・アレグレに財団を設立し、慈善活動を行っていた。その一つがレスチンガという貧民街地区に作った『スポーツクラブ・シティズン』という施設だった。

二〇〇四年八月、ぼくは彼と共にこのスポーツクラブ・シティズンを訪れている。スポーツクラブという名前が付いているが、選手育成を目的としていない。

ドゥンガは施設の意義をこう教えてくれた。

「子供たちに社会の基本的なルールや、最低限のマナーを教えること。例えば、歯を磨くということを知らない子供までいる。両親がきちんとした職についていないので、学校にも通えない。だから、勉強の手助けもしている。彼らに少しでも未来が開けるようにしたいと思っている」

ドゥンガによると、この地区の多くの家庭の月収は三〇ドルに満たない。食事は一日に一度か二度、口に入ればいいという程度だという。

「この街は冬にかなり寒くなる。防寒用の衣服もなく、子供たちは凍えて寒さをやりすごすしか手はない」

ぼくたちが話していると、道を歩いている人がにこやかに笑いかけてくる。ドゥンガも手を挙げて挨拶を返した。和やかな雰囲気である。しかし、非常に犯罪率の高い地区である。

「この地区の人間、全員が悪い人間ではない。ただ、非常に犯罪率が高いことは事実だ。麻薬も簡単に手に入る」

ブラジルの大都市の周辺に貧民街が広がっていくのは理由がある。都市の魅力につられて、あるいは貧困から逃げ出して、農村部から都市へ人間が移動する。しかし、手に職のない人、学歴のない人間が割のいい仕事を見つけることは難しい。彼らはやむなく空いている土地に不法占拠をしてバラック小屋を建てる。そこに落ちた暴力の種は、貧困という栄養を得てあっという間に茎を伸ばし、都市に絡みつく。そして果実を実らせて、また新たな種をまき散らしていく。

〝トラフィカンテ〟と呼ばれるブラジルの新興マフィアは、少年たちにまずは〝お使い〟をさせ、多めの小遣いを渡して、組織の中に取り込む。そして次第に〝重要な〟仕事を任せていく。貧しい少年たちの心を麻薬、金で摑むのは難しくない。それに抗うには地道な努力しかないのだ、とドゥンガは静かな声で言った。

◉集団SIDの妙味——ジョルジーニョ、長谷部誠

現役時代、背番号8をつけた彼は大声を出してチームメイトを叱咤激励していた。ジュビロ磐田にいたときは、「強く言うと日本人選手たちが萎縮してしまうから抑えてくれ」と言われたのだと首を振った。

磐田のときはともかく、世界のトップクラスの選手が集まるブラジル代表で何を指示していたのかと聞くと事も無げにこう返した。

「試合前に出されていた指示を忘れる奴がいるのさ。始まって二〇分ぐらいはロナウドたちも守備に力を割く。危ないときは（自陣に）戻ってくる。しかし、試合が進むと自分の役割を忘れる。ピッチの中で指示を思い出させる人間が必要なんだ」

ロナウドは二〇〇二年ワールドカップで優勝、得点王となったブラジルを代表するストライカーである。九八年ワールドカップでロナウドとドゥンガは同じチームだった。

ドゥンガは9番の選手についてこう表現した。

「普通のリーグ戦ならば一試合で四、五回ゴールに繋がるチャンスがある。四、五回あれば一点は決められる。しかし、代表の試合はそうじゃない。相手のディフェンダーも集中している。二回チャンスがあったとしたら一回はゴールを決めなきゃいけない。鷲や鷹のように一センチの隙間でもあったらそこを目がけて突き進むぐらいの気持ちがなければ駄目なんだ。ロマーリ

オヤロナウドはそうだった」

ただし、と付け加えた。

「一人の選手が全てを解決できるわけではない。彼らが違いを生み出すには、周りのサポートが必要だ。それがサッカーという競技なんだよ」

サッカーチームは様々なパーツを組み立てて走る自動車のようなものだ。エンジン、ハンドル、タイヤ、シャーシ、それぞれの役割がある。

得点を決める9番、ゲームを組み立てる10番、彼らの手綱を引く8番——さらに守備を固める4番のセンターバック、1番のゴールキーパーはチームを貫く軸のようなものだ。そこに自由奔放な7番や11番といった攻撃的な選手たちが躍動感を与える。

長らく日本代表の主将を務めた長谷部誠は、20番をつけていたが、チーム内の役割は8番的な選手だった。藤枝東高校から浦和レッズに入った直後、長谷部は攻撃的な中盤だった。おそらく、彼はそのポジションでは大成しなかっただろう。監督のハンス・オフトが守備的なポジションに回したのは慧眼だった。

近年彼はドイツでディフェンダーとして起用されている。彼のSIDは8番、あるいは4番にあったと言うべきだろう（フランクフルトでゴールキーパーが退場処分になった後、交代枠を使い切っていたため、長谷部が長袖のシャツを着てゴールキーパーを務めたこともある。ついに1番まで下がったのだ！）。

２番や３番、あるいは６番をつけることが多いサイドバックにも独特のＳＩＤがある。それは〝いじられやすい〟ことだ。

廣山はパラグアイのセロ・ポルテーニョ時代、バスで遠征から戻るときの話を聞かせてくれた。試合に勝利した後、選手たちはビールを飲んで騒ぐ。サービスエリアに停まり、ビールを買いに行くのはサイドバックの選手なのだという。世界中どこでも扱いは変わらないですねと笑った。日本代表のサイドバック、長友佑都はどの国のクラブに移籍してもチームメイトから愛されている。彼はまさにサイドバックのＳＩＤだ。

その意味で前出のジョルジーニョは２番をつけた右サイドバックだったが、サイドバックらしくない。ジョルジーニョはサイドバックの他、守備的中盤——ボランチもこなした。本当はそちらの方が向いているのではないかとぼくは睨んでいる。ドゥンガがいなければ彼のポジションはジョルジーニョに任されたかもしれない。

つまり九四年のブラジル代表には二人の突出した「８番的」な選手がピッチにいたことになる。あのセレソンは、面白みはなかったがしたたかで強かったというのは腑に落ちる。

第五章

個人か集団か——格闘技、プロレス

◉〝集団〟の魅力と〝個〟の魅力

一九六八年（早）生まれのぼくは、中学校のときに荒っぽい時代――校内暴力をくぐってきている。サッカー部の対外試合では不良集団から因縁を付けられる。そのため〝アウェー戦〟では試合が終わるといち早く自転車を飛ばして帰ったものだ。校門の前で待ち伏せされ、裏門からそっと帰ってやり過ごしたこともある。

腕っ節の強い少年は一目置かれる時代だった。小学校のときから、空手やボクシングを修得して強くなりたかった。車田正美の漫画『リングにかけろ』などのボクシング漫画も人気を集めていた。しかし、残念ながら近所に道場やジムはなかった。

格闘技を学ぶという、ささやかな夢が叶ったのは四〇代になってからだった。最初は打撃のない寝技であるグラップリング、その後、柔術、さらにキックボクシングやボクシングを囓った。最終的には柔術に落ち着き、今も週二回程度はジムに通っている。

ぼくのスポーツ経験はすでに触れたようにサッカー、そして小学校の一時期、スポーツ少年団でやっていた軟式野球である。どちらも集団スポーツ、球技だ。そんなぼくにとって個人スポーツである格闘技は新鮮だった。ただ、しばらく続けているうちに、サッカーほどのめり込んでいない自分に気がついた。自分が年をとって夢中になれなくなかったのかと首を傾げた。しかし、今でもフットサル、サッカーでボールを蹴ると楽しく、時間がすぐに過ぎる。もしかして自分はサッカーのそのものだけではなくて、その周辺にも惹きつけられているのではないかと思うようになった。

ぼくはこれまでサッカーに何度も助けられてきた。

九七年、ペルー大使公邸事件が起こった後、所属していた『週刊ポスト』の特派員として首都リマに入った。事件発生から一箇月ほど経っており、現場は膠着していた。すでに現地のコーディネーター、通訳はNHKなどのテレビ局、新聞社が囲い込んでいた。そこで、知り合いのつてを辿って、老齢の日系人の婦人を紹介してもらった。彼女は「私は歳だから、動きが悪くてごめんなさいね」と頭を下げた。行動は限られていたが、通訳は的確だった。さらに彼女は様々な知り合いを紹介してくれた。その一つがリマ市内にある食堂だった。沖縄出身の日系人の男性が経営する店には、ペルーの高級紙である『エル・コメルシオ』の記者たちがたむろしていた。店主は政治やテロリズムに通じている記者と繋いでくれた。

彼らとの距離がぐっと近くなったのは、ぼくがジーコを知っていると言ってからだった。ジーコはどんな男なのだと、彼らは前のめりになった。改めてジーコという名前の大きさを噛みしめた。週末には、エル・コメルシオのチームに入って、ボールを蹴ることになった。

サッカーチームには政治部の他、経済部などの記者がいた。彼らはぼくを国会に連れて行き、議員に引き合わせてくれた。国会議員で組まれたチームとの試合に出場した。

日本の外務省から危険なので立ち入らないよう指示が出ていた、アマゾン地域への取材の道をつけてくれたのも彼らだった。現地在住のテロリズムの取材に慣れた記者がぼくの取材に協力してくれたのだ。

ぼくはNHKラジオのスペイン語講座を二年間聴いており、スペイン語を多少話すことが出来た。しかし、まだまだ不完全だった。彼らは英語をほとんど理解しない。スペイン語の辞書とメモ帳を片手のぼくに彼らは辛抱強く付き合ってくれたものだ。

フランスでも同じだ。

廣山の関係でフランス人のサッカーチームに入ったことはすでに書いた。そのチームの半分ほどがモンペリエの下部組織出身者で、元プロ選手も沢山いた。サッカー選手の養成所であるクレールフォンテーヌ国立サッカー養成所で働いていた男や、大学病院の医師、スーパーマーケットの経営者なども、取材の便宜を図ってくれた。

廣山の世話を焼いていたマニュエルの一族は、バルセロナ出身でスペイン内戦のときにフランスへ移住していた。マニュエルに限らず、フランス南部ではある程度スペイン語が通じた。フランス語もスペイン語も同じラテン語から派生した言語である。ぼくはスペイン語混じりのフランス語で彼らの中に飛び込み、受け入れてもらった。

日本でもボールを蹴った後にビールやワインを酌み交わしてきた。こうした人間関係も含めて、ぼくにとっての〝サッカー〟だった。柔術などの格闘技の世界はそれとはちょっと違っていた。

その違和感の正体が朧気ながら把握できるようになったのは『真説・佐山サトル』という単行本の取材を始めてしばらくした頃だった。

◉強さに取り憑かれた男——佐山サトル

佐山サトルは一九五七年に山口県下関市で生まれた。小学四年生のとき〝キックの鬼〟ことキックボクサーの沢村忠の足技に魅せられたという。その後、プロレスに夢中になった。中学校になると柔道部に入っている。プロレスラーになる準備のつもりだった。

山口県立水産高校一年生の冬、高校を中退して上京し、新日本プロレスに入門を試みた。しかし、躯が小さいという理由で断られている。それでも諦めず、七五年七月に新日本プロレスの新弟子となった。

新日本プロレスの練習を仕切っていたのは、カール・チャールズ・イスタスというベルギー人だった。彼はベルギー代表として四八年のロンドンオリンピックに出場。五〇年にプロレスに転向、六一年からカール・ゴッチを名乗っていた。

ゴッチはプロレスラーになった直後の五一年頃、イギリスのランカシャー地方、ウィガンにあったビリー・ライレージムでランカシャーレスリングを学んでいる。ランカシャーレスリングは、〝キャッチ・アズ・キャッチ・キャン〟とも呼ばれ、関節技を重視していた。アントニオ猪木は新日本プロレスを立ち上げたときから、ゴッチを頼っている。ゴッチの教える関節技が新日本プロレスの土台となった。

新日本プロレスに入った佐山は関節技の練習に没頭する。さらにキックボクシングのジムに通い、打撃の練習も積んだ。プロレスラーになったのは、プロレスが真剣勝負であると信じていたからだ。ところが、デビューの際、そうでないことを彼は知った。そして、目標を新しい格闘技の選手になることに変えた。

〈真の格闘技とは打撃に始まり、組み、投げ、そして最後は関節技で極まる〉

と書いた紙を寮の壁に貼り、日々練習に励んだ。強くなることに取り憑かれていたのだ。

猪木は「新日本プロレスではいずれ格闘技をやる。お前を第一号の選手にする」と約束した。しかし、それは守られなかった。

七八年、佐山はメキシコ修行に送り出されている。そして八〇年にはイギリスへ渡った。そこでブルー・スリーの〝従兄弟〟である〝サミー・リー〟として人気となった。佐山は格闘技と身体的能力の高さを昇華させて、〝見世物〟としてのプロレスを完成させていたのだ。佐山によると、何人かのレスラーを除くと、レベルは低かったという。

「ぼくが動いて客を沸かせる。一人芝居のようなものでした」

八一年四月、新日本プロレスの命令で佐山は一試合のみという約束でイギリスから帰国。マスクを被らされた佐山は、イギリスのリングと同じことをやってみせた。華麗にステップを踏み、高く跳び、鋭い蹴りを連発したのだ。タイガーマスクである。タイガーマスクは子どもを中心に爆発的な人気となった。これまでプロレスに興味のなかった層を摑んだのだ。その狂騒の中、佐山は自分のやりたいことはこれではないと思い悩んでいたという。八三年八月、新日本プロレスを突然退団。新しい格闘技のためのジムを立ち上げた。この〝新しい格闘技〟は後に「修斗」と名付けられた。修斗は、現在に繋がる近代総合格闘技の源流である。

『真説・佐山サトル』を書くために、佐山の他、彼の親族、小中学校、高校の同級生などにも話を聞いている。興味深いのは、あれほど身体的能力に恵まれていながら、彼は子どもの頃に集団スポーツと縁がなかったことだ。

兄の彰は、小学校二年生のときに柔道の道場に連れて行ったと教えてくれた。しかし、佐山が少し離れた祖母の家に預けられることが多くなり、長続きしなかった。

小学校の同級生たちは、高学年になるまで佐山の印象は薄いと口を揃えた。彼は毎月発売されるプロレス雑誌を楽しみにしており一字一句見逃さないように読み込み、お気に入りのレスラーの写真を切り抜いて壁に貼り付けていた。密かに自分の楽しみに耽る、地味な存在だったのだ。

同級生たちが佐山を認識するのは、佐山の躯がぐっと大きくなった六年生になった頃だった。中学に進むと、同級生にプロレス技を試し、周囲を困らせるようになる。

佐山の小中時代を最も知る、同級生の守永賢治はこう言って笑った。

「中学のとき、躯がでかくなって、みんなから凄いと思われるようになったけど、女の子にモテてどうこうというのはなかったです。女の子からしたら、どっちかというと（プロレスに夢中になっている）変な人だったのかなぁ」

野球やサッカーで目立つ子どもは、クラスの人気者である。しかし、佐山はそうではなく、苦笑気味に一目を置かれる存在だった。

◉無謀を突き抜けられる者

野球やサッカーのように集団で行動するという縛りのない格闘技の人間たちは、突き抜けた人が多い。それも当然だ。試合には痛みが伴う。その耐性をつけるため練習は激しく、厳しくなる。その試練をくぐり抜け、格闘技のＳＩＤを身につけなければ生き残ることはできない。

佐山が新日本プロレス時代に通ったキックボクシングジム——目白ジムの創設者、黒崎健時の著書に書かれている練習法はこうだ。

〈私は電柱に背を向けて立ち、掛け声とともに振り向き、振り向きざま電柱を渾身の力で叩いた。最初の一発で拳が三倍ほどに腫れあがり、肩の付け根まで痛みでしびれた。

電柱に背を向けたのは、電柱が目に入れば「叩くと痛い」という気が起こり、手加減してしまうかもしれないからだ。絶対に手加減しまいと覚悟を決めたとしても、「叩くと痛い」という気が心の隅に少しでもあれば、どこかで手を抜くことになってしまう。私は人間のそういった弱さを痛いほど知っていたから、電柱に背を向けて立ったのである〉（『必死の力・必死の心』）

尋常ではない、追い込みである。

キックボクサーの藤原敏男は黒崎の弟子の一人だ。黒崎からサンドバッグを蹴れと命じられると、際限なく続けなければならなかったのだと教えてくれた。練習途中で小便をしたくなっても、トイレに行くこともできない。サンドバッグを蹴りながらその場で垂れ流すしかなかった。厳しい練習により、血便が出るのは普通だったという。

佐山が修斗を立ち上げた際、手を差し伸べた人間の一人、木口宣昭も同じ種類の男だ。

一九四四年生まれの木口は六九年の世界選手権に出場、グレコローマンスタイル六二キロ級で五位。七〇年から『木口道場』を開き、山本美憂などのレスリング選手を育成している。日本レスリングの伝道師の一人である。

木口の取材は四時間近くになった。その八割は、佐山とは無関係な木口の生い立ちについて、だった。

木口は法政一高校時代、ウェイトリフティング部に所属していた。レスリングを始めたのは大学に進学してからだった。これはきわめて異例である。

「法政一高にレスリング部がなかった。それで重量挙げから（レスリング部へ）転向したのも例がないわけよ。（入部させてもらうために）一週間毎日、リング掃除をやった。人のいい先輩がいて、その人が認めてくれてようやく入ることが出来た。それから一年間全敗。勝てるわけないよね」

先輩にスパーリングの相手になって欲しいと頼むと、「お前のようなど素人相手だと、こちらの力が落ちるから来るな」とけんもほろろに断られた。

「しょうがないから、合宿所の近くに生えていた木にタックルしていた。昼間は一生懸命、部の（雑用）仕事をして夜中にやるしかない。みんなが寝静まってからやるんだけれど、（木にタックルする瞬間に）うめき声をあげるよね。後ろを見たら、馬術部の連中とかが呆気にとられて見ているわけよ。安眠妨害だからやめろっていう。でもやめられませんって」

話し合いの結果、練習は昼食後に移った。木口が木にぶつかっていく姿を他の部の人間たちは面白そうに見ていたという。

「〝昼飯を食ったら、あの馬鹿がまたやるぞ〟って言われているから、やめるわけにはいかないじゃない」

翌年の春、新入部員が入ってきた。彼らは先輩と呼んでいたが、レスリング経験のない自分を小馬鹿にしていることはわかった。

「スパーリングになったら、（一年生）全員が自分のところに、〝お願いします〟って来たもん。それで一番躯があって、実績のある重量級の奴を指名した。そいつは木で鼻をくくったように、〝はぁ、俺とやんのか？〟みたいな感じよ。向こうはなめてるから、腰が上がってるのよ。それでズバーンと（懐に）入って引き込んだ。木に比べたら軽いんだよ。それで投げた。相手のあばらがミシミシって音がして折れちゃった。そこから一気に成長したよ」

周囲から冷笑されていた練習が自分を強くしたのだと木口はくすくす笑った。二年生の八月に行われた国体で準優勝、九月の全日本学生選手権のグレコローマン、バンタム級で優勝している。

「嘘みたいな話でしょ。やった技は胴（への）タックルから持ち上げて、裏返しにして倒す。それだけ。なんでも持ち上げちゃうのが私の勝利の方程式。宙に持ち上げちゃえば一〇〇パーセント、コントロールできる」

他人の目を気にせず、自分が必要と思えば無謀な練習であっても続けることを厭わないのが、格闘技のＳＩＤの一つである。

◉センスの立ち技、論理の寝技

佐山も目的に向かって一直線に突き進む男である。

新日本プロレスを辞めた直後に開いたジムで、佐山は一般会員を相手にフィットネスを教えていた。ただ彼の頭を占めていたのは、空き時間を使って行っていた弟子との練習だった。

　キックボクシングの他、ムエタイ、サンボなどを佐山は研究していた。一六オンスのグローブをつけて、寸止めなしのスパーリングを行い、どの技術を新しい格闘技――総合格闘技に取り入れるか判断したのだ。

佐山はこう振り返る。

「昼間、ガンガンやるわけです。一六オンス（のグローブ）でぶん殴っていたら、鼻血がどばーっと出る。綺麗な絨毯の上に血が流れた。そりゃ、出て行ってくれって言われますよね」

ジムのある瀟洒なビルとの契約には、〝激しい格闘技を行わない〟という内容が含まれていた。弟子が鼻血を出そうが、それが原因でビルから追い出されることになろうが、頓着しない。

この後、佐山は別の場所にジムを移すことになった。そこでもタイガーマスクという人気レスラーに教わりたいという会員が集まった。しかし、ある時期から佐山はそうした会員に心が向かなくなった。そして選手を育てるために、練習を厳しくしたのだ。軽い気持ちで来ていた会員の足は遠ざかった。会員が減れば経営は厳しくなる。さらに、育ってきた選手のために大会を始めたが、これも赤字続きだった。

九六年に佐山が修斗を離れたとき、彼は一億円以上の負債を背負った。現在の格闘家は、何らかの形で修斗の恩恵を受けている。しかし、佐山はその果実を一切得ることはなかった。それに対しての愚痴は一切ない。

佐山は格闘技の天才だった、と証言する人間は多い。ただしぼくは『真説・佐山サトル』の中で〝天才〟という言葉を一度も使っていない。飛び抜けた能力を持つ人間を天才と片付けることは思考停止に繋がると考えていたからだ。

『真説・佐山サトル』では佐山の突出した才能を説明するためにサンボの技術教本の撮影を取り上げた。

サンボは柔道着に似た上着を着用し、マットで行われるロシアの格闘技である。サンボの使い手である、ビクトル古賀がまず息子を相手に技をかける。それを見た佐山はすぐに古賀の技を再現した。同行していた弟子たちは、普段練習をしていないサンボの技をいともたやすく佐山がやってのけたことに驚いたという。

その話をすると佐山は「サンボは少し習ったことがありましたからね。まあ（他の格闘技の技術の）組み合わせみたいなのですよ」と事も無げに言った。

佐山は子どもの頃からプロレス技を食い入るように見ていた。そして新日本プロレスで関節技の練習に没頭。サンボも齧《かじ》っている。すでに佐山の頭の中には膨大な技が集積されていた。

サンボの技術を佐山は瞬時に分解して、そのパターンに当てはめた。佐山にとってサンボの技は既知の技術の組み合わせに過ぎなかったのだ。

ここで思い出されるのが、グレイシー柔術の創始者である、エリオ・グレイシーである。

グレイシー柔術、あるいはブラジリアン柔術の源流は日本人柔道家のコンデ・コマこと前田光世である。

一八七八年生まれの前田は講道館で柔道を学んだ後、アメリカを皮切りに世界中を回って他流試合を行い、ブラジルに辿り着いた。アマゾン川河口のベレンに腰を据えて農地開拓に乗り出したのだ。前田は地元の名士であったスコットランド移民のグレイシーから頼まれ、息子のカーロスに柔道を教えることになった。

カーロスの稽古をじっと見ていたのが、弟のエリオである。エリオは子どもの頃、医者から激しい運動を避けるように指示された程の虚弱体質であったという。後にグレイシー一家はリオ・デ・ジャネイロに移住する。そこでエリオは、腕力や体力に頼ることの少ない寝技を中心とした柔術に進化させた。そしてエリオの息子たちである、ホリオン、ヒクソン、ホイスたちが世界中に柔術を広めた。

佐山が〝立ち技〟と〝寝技〟の違いを口にしたことがある。

「立ち技って（習得するまで）結構時間かかるんですよ。一生かかるかもしれない。ちゃんとして覚えていかないと違った方向に行っちゃうんです。間合いだったり、構えだったり。でも、寝技っていうのは半年ぐらいでなんとかなっちゃう。道場の中で、友だち同士でスパーリングやっていけば、どんどん技を覚えていくものなんです」

立ち技とは、拳を使ったパンチや蹴りといった打撃系のことだ。一方、柔術やグラップリングは、寝技に含まれる。

寝技は人体の動きをふまえた、きわめて論理的な技術である。人間の関節はそれぞれ動く方向が決まっている。例えば、腕の関節は普段使っている方向に曲げても何の痛みもない。ところが、関節部分を軸にして反対側に力を入れると激しく痛みが生じ、折れてしまうこともある。絞め技も同様だ。急所を把握した上で絞めなければならない。力任せでは絞めている側が疲れるばかりで効果は薄い。

柔道などの格闘技経験のない人間が柔術やグラップリングを始めたとき、この壁に弾かれる。体格、筋力で多少上回っても、スパーリングをすれば簡単に負ける。

そして、佐山が指摘したように、負け続けてもスパーリングを続けていると、確実に技術は上達する。これが陸上競技、あるいは野球やサッカーなどの球技と違う部分だ。球技では最初から〝センス〟の差がある。サッカーであれば、足の速さの他、例えば足の甲でボールの芯を捕らえる感覚は教えられない。始めたばかりの頃ボール扱いが下手だった人間が、センスのある人間を追い抜くことはまずない。一方、寝技ではそれが起こる。

負け続けるという最初の壁で、他のスポーツで成功体験のある人間は諦める傾向がある。彼らに挫折の経験がほとんどないからだ。残るのは、スポーツ経験が全くない、子どもの頃は運動で目立ったことのない人間だったりする。

◉「人に教わるのが嫌い」

佐山の初期の弟子の一人に、朝日昇という格闘家がいる。彼は高校生まで野球部に所属していた。しかし、小柄だったこともあったろう、野球では才能が花開くことはなかった。受験にも失敗し、彼の表現では不本意な大学に進むことになった。

「一生懸命、四年間で人生を探そうと思っていたんです。ちっちゃい頃から、野球、プロレス、ボクシングが好きで。それで三軒茶屋にあったジムに行ってみたんです」

それが佐山のジムだった。このときはまだ初心者対象だった。

「下っ端の野球部あがりだったから、俺、ついていけるかなと。遊んでばかりいて、デブっていたから。選手になるとか一切なく、ただやってみようと。そうしたら、野球部（出身）からしたら、水も飲ましてもらえるし、（辛くも）なんでもない。ほとんど練習しない奴らばかり。バブルの延長っていうんですか、夏にテニス、冬にスキーみたいな大学にいる一番嫌いな奴ら、みたいいな。バイトやって女のケツを追いかけて。そんな奴しかジムにいなかった」

そんなある日のことだった。会員を二つに分けて、ジム内でスパーリングの対抗戦が行われた。

「レスリングで一人だけオーラを感じる人がいたんです。その人がいきなりぼくを相手に指名した。入ってから数箇月だったと思います。三〇秒でやられました。それでぼくは思ったんです。よっしゃ、こいつを殺せばいいと」

朝日を三〇秒で仕留めたのは、日本大学レスリング部出身の渡部優一だった。彼は高校三年生のとき、全国高校選手権六〇キロ級で優勝経験があった。大学卒業後、国体要員として公務員の誘いがあったにも関わらず、アルバイトしながら佐山のもとでトレーニングしていたのだ。

「そこからぼくは（佐山のジムのクラスで）教わるのをやめたんです。亀みたいな（頑丈な体型をした）人がいて、その人に〝一緒に練習しましょう〟って。ぼく、今でもそうなんですけれど、教わるのが嫌いなんです。教わっても人間はその人以上に行けないって思っているので。そこで毎日、二時間とか三時間、その人と寝技とか関節技の練習、パンチとかキック、ウエイトトレーニングをやって帰って行くんです。変な奴がいるって、なんか有名だったみたいです」

その後、木口宣昭の主宰する木口道場に移っている。木口道場が修斗の支部としての役割を果たすようになったのだ。そこで木口の教えを受け、それ以外の時間はひたすら格闘技を究めようとした。

「死ぬほど本を買って、（ボクサーの）フリオ・チャベスの練習法を研究したり。プロレスにレスリングの世界選手権に出た人がいるって聞いたら、その映像を撮って、コマ送りでステップを研究していた。世界には凄い奴がいる、という想像力だけで、ああしよう、こうしようと一人で練習していました」

やがて朝日は「奇人」という異名をとる修斗を代表する選手となった。九六年のバーリ・トゥード・ジャパンではメインイベントでグレイシー一族であるホイラー・グレイシーと対戦。敗れはしたものの、日本の格闘技の礎を作った人間の一人である。

彼のＳＩＤは野球ではなく、格闘技であったのだ。

◉開拓者の宿命

格闘家の強い「個」というＳＩＤは、道なき道を突き進むときに強い推進力となる。

日本レスリングの父である八田一朗はその典型だろう。八田は一九〇六年六月に広島県安芸郡江田島町で生まれた。腕っ節が強く、暴力事件を起こしていくつか中学校を転校した後、海城中学から早稲田大学に進んだ。そんな彼が熱中したのは柔道だった。

八田が所属していた早稲田大学柔道部は一九二九年にアメリカ遠征に出かけている。ワシントン大学レスリング部と柔道とレスリングルールの二競技で対戦。柔道では圧勝したが、レスリングでは全く歯が立たなかった。帰国後、八田は柔道の強化にレスリング競技が必要であると説いて回ったが、耳を傾ける人はいなかったという。

三一年四月、柔道部道場内に早稲田大学レスリング部が設立された。主将は八田である。そして三二年、ロサンゼルスオリンピックに出場。その後、第二次世界大戦を挟み、八田はレスリング協会の中心人物として辣腕を振るった。

五一年に戦後初めてのアメリカ遠征を行っている。八田は山下汽船と話をつけて、アメリカから援助物資を運ぶ山下丸の処女航海に無料で選手団を乗せた。船上では持ち込んだ八枚の畳を並べて、練習をさせたという。宿は全て民泊。移動はバスである。

当時は一ドル＝三六〇円で外貨の持ち出しは制限されていた。八田は選手たちに柔道衣や日本人形を持たせ、それらを売り払って金を作った。また帰りにはゴルフバッグやペルシャ絨毯を持ち帰り、やはり日本で売って金にしたという。こうした遠征で鍛えられた選手たちが、五二年のヘルシンキオリンピックで金メダルと銀メダルを一つずつ獲得。日本選手団で唯一の金メダルだった。続く五六年のメルボルンオリンピックでも金メダルを二つ、銀メダルを一つ獲得している。

八田も極端な男である。

五九年にテヘランで行われた世界選手権で敗れた選手たちは全員が体毛を剃られたという。頭と陰毛の両方である。千葉県館山市で行われた正月合宿では八田が率先して冷たい海に入り、選手は渋々続いた。

〈夜は明かりをつけたまま床に就かせる。夜中に突然起こして顔を洗わせて集合させ、すぐまた寝かせる。明るい試合会場でもすぐに休息がとれ、時差のある外国でも寝不足にならないための訓練である。

体調管理も徹底していた。朝の挨拶は「クソしました」。便通がなければ、小さな石鹸を肛門に突っ込んで浣腸させる。朝の排便はコンディションづくりに不可欠という信念が八田一朗にはあった。

男性の生理的欲求まで管理した。夢精をすれば「徳川」（無声映画の弁士として一斉を風靡した徳川夢声に由来）、マスターベーションであれば「手」と記録した〉（『日本レスリングの物語』柳澤健）

ここまで徹底した管理をする指導者は集団スポーツにはいない。いたとしても選手はついて行かないだろう。

剃毛は、イスラム教徒が全ての体毛を剃っていると聞いたからだという。この剃毛を八田はいたく気に入ったようだ。六〇年のローマオリンピックで、フリースタイル、グレコローマンの各クラスに選手を送り込むため、日本体育協会専務理事の竹田恒徳に直談判している。このとき、グレコローマンは日本に入ってきて日が浅く、メダルの可能性はなかった。それでもオリンピック参加を、グレコローマンの普及のきっかけにしようと考えていたのだ。八田は竹田に「もし勝てなかったときは頭の毛を剃ってみせる。それでも駄目ならば一物の毛も剃ってみせる。あなたはスケートで入賞できなかったらこれが出来ますか」と迫ったという。明治天皇の外孫である竹田は日本スケート連盟の会長だった。そしてローマオリンピックのレスリング競技で日本は銀メダル一個という結果に終わった。

再び『日本レスリングの物語』を引用する。

〈ローマオリンピックが惨敗に終わった翌朝、八田は選手村内の床屋に行き、美しい銀髪をバッサリと落とした。坊主頭の八田を見て、北野祐秀監督、笹原正三フリー、笠原茂グレコの両コーチも床屋に走った。

選手たちは頭髪だけでは済まず、陰毛まで剃らされた。銀メダリストの松原正之でさえ例外ではなかったが、結婚を控えていたフリースタイルヘビー級の石黒馨（中大ＯＢ）だけは、武士の情けで上も下も勘弁してもらった、というところがいかにも八田らしい〉

八田には先見の明もあった。ローマオリンピックでの敗戦後、レスリングの強豪国だったトルコからコーチを招聘している。日本スポーツ史上初めての外国人コーチである。彼は皇室、政界、財界を巻き込み、レスリングの普及に尽力した。

長所と短所は表裏一体である。理想を掲げて猪突猛進に突き進むことは、時に軋轢を生む。

八田は五三年に会長不信任案を提出されている。八田を面白く思わない関係者が造反したのだ。この不信任案は否決、八田は留任することになった。

前述のように佐山は、自らが立ち上げた修斗から離れている。その後、彼の弟子たちが引き継ぎ、人気選手も輩出するようになった。しかし、組織は安定せず、幹部の離反もある。多少の意見の違いには目を瞑って手を結んで競技を盛り上げるよりも、機会があれば気に入らない人間を引きずり下ろそうとしているようにも映る。

同様の内紛が極真空手でも起きたことを想起する人もいるだろう。相手を打ちのめすために、超人的な努力を惜しまないというＳＩＤは悪い方向にも出る。

◉覚醒したプロレスＳＩＤ――長州力

佐山と同じ元プロレスラーではあるが、全く違う性格――ＳＩＤを感じたのは長州力である。長州とは『真説・長州力』を書き上げるまでの二年半以上、定期的に話を聞いた。その後も時折、会う仲である。

長州力こと吉田光雄は一九五一年に山口県徳山市（現・周南市）で生まれた。子どもの頃の夢はプロ野球選手になることだった。小学校高学年のとき、町内会で作った野球チームで徳山市の大会に参加、二年連続で優勝している。ポジションはキャッチャーだった。

同時期に柔道も始めている。柔道の才能を認められ、中学では柔道部に入部。その運動能力の高さを買われて桜ヶ丘高校レスリング部から誘いを受けることになった。

桜ヶ丘高校三年生のとき、インターハイ準優勝、国体で優勝という成績を残している。そして特待生として専修大学に進んだ。在学中に全日本学生レスリング選手権で優勝、七二年のミュンヘンオリンピックに出場。大学卒業後の七四年、新日本プロレスに入った。アントニオ猪木が新日本プロレスを旗揚げしたのは七二年のことだ。ジャイアント馬場の全日本プロレスと対抗するために、長州のオリンピック出場という称号を強く欲していたのだ。

将来を嘱望されていた長州は入団直後の八月から国外修行に出かけている。ドイツ、アメリカ、カナダを連戦して帰国。しかし、人気が出なかった。

プロレスは肉体を酷使するという意味では、スポーツの極致である。ただし、勝敗が全てではない。いくら躯を鍛えようと、優れた技を連発しようと、観客から支持されなければ存在価値はない。だから、難しい。

長州は燻《くすぶ》っていた時期について、客を捕まえることができなかったのだと話した。

「みんなは〝乗せる〟と言うかもしれない。でもぼくは〝捕まえる〟。（対戦）相手はいますし、それに合わせてコンディションを作って集中をしますけれど、実際に闘う相手は客ですね。客を捕まえることができない選手は、そんなに長くできないですね」

長州はリングのそばからアントニオ猪木の動きに眼を凝らした。猪木は指先の動き一つで、観客を熱狂させることが出来た。まずはリングサイドの客を〝捕まえる〟。そうすればさざ波のように広がって行くというのだ。

「大きな石だとドボーンって早く波が終わってしまう。ポーンと投げて輪を静かに大きくしていく、そんなような感覚ですね。それは大きな会場でも小さな会場でも関係ないんですよ。その点で猪木さんは天才でしたね。完全に（観客に対する）指揮者でした」

頭で理解することと、躯で表現することは別の話だ。長州は猪木のようにはなかなか客を捕まえることが出来なかった。そして、猪木から無理矢理背中を押されることになる。

八二年一〇月、メキシコ修行から帰国した長州は猪木と藤波辰巳と組んで、三対三の六人タッグマッチに出場。その試合中、長州が藤波を平手打ちし、仲間割れを起こす。試合中に味方同士が殴り合いを始めるというのは、前代未聞だった。人気レスラーになっていた藤波に対して長州が「俺はお前の噛ませ犬ではない」と言ったとされる、「噛ませ犬事件」である（リングの上では〝噛ませ犬〟という言葉を長州は使っていない）。長州を猪木がけしかけたのだ。

この噛ませ犬事件で長州は、プロレスラーの勘所を掴み、一躍人気レスラーとなった。長州が新日本プロレスに入って七年後のことだった。

ここにSIDという補助線を引くと、彼が七年間燻っていた理由が見えてくる。

前述のように彼の夢はプロ野球選手になることだった。今も熱心な広島カープのファンである。柔道に進んだのは、運動能力を高く評価されたことに加えて、野球道具を気楽に買ってもらえるような経済環境ではなかったからだ。そして高校では誘われるままにレスリング部に入ることになった。意外かもしれないが、末っ子の長州は流されやすい一面がある。

恩師である、桜ヶ丘高校レスリング部の江本孝允はアマチュアレスリング時代の長州をこう評した。

「力が強くてバランスがいい。高校時代からフェイントをかけて相手を崩すのが上手かった」

江本の記憶に残っているのは高校三年生のインターハイ山口県予選の団体戦だ。

団体戦は、七階級の各校総当たりのリーグ戦で行われた。代表を争う柳井商工には六十九キロ級に中国大会で優勝している手島という選手がいた。六九キロ級を制することができれば、四勝となり、桜ヶ丘の勝利となる。江本は長州に階級を代えさせて彼にぶつけることを考えた。長州と同階級にはもう一人力のある選手がいたのだ。江本は長州を呼んでこう言った。

「お前が（体重を）六九キロに落としたら、（県大会で）団体（代表）を獲れるぞ。お前が手島とやれ。お前ならば勝てる」

長州は「わかりました」と頷いた。

一切、口答えはなかったと江本は振り返る。

「個人（戦）では確実に行ける。キャプテンだったですから。みんなと行きたいというのがあったんでしょう。あの当時、減量といっても今と違って、ただ食べないで練習するだけ。きつかったと思います」

ところが――。

団体戦の試合は軽量級から始まる。二試合目の五五キロ級で、勝利を計算していた桜ヶ丘の選手が敗れた。体重をきちんと落とした長州は六九キロ級でフォール勝ちしたが、桜ヶ丘は三勝四敗で柳川商工に敗れた。試合後、長州は黙って俯き、負けた選手を責めることはなかったという。

専修大学レスリング部監督の鈴木啓三の長州の評価も似ていた。まずは飛び抜けた身体的能力を褒めた。

「高校時代から彼はスピードのある、投げが強い選手だった。投げはもう抜群だったね。将来必ずチャンピオンになる。見たらすぐわかるよ」

桜ヶ丘高校の試合や練習を視察したとき、気に入ったのは、年上の選手と相対しても臆さないところだった。

「高校生だから（年上相手に）負けてもしょうがない、大学生だから全日本のチャンピオンに負けてもしょうがない、という気持ちがちょっとでも浮かぶともう駄目さ。彼はそうじゃなかった」

長州は江本の出身校である日本体育大学に進むことがほぼ決まっていた。それでもどうしても欲しいと熱心に誘い、専修大学に入学することになったのだ。

長州は最上級生のとき主将を務めている。各運動部の代表が集められた会合で、理事長を前に「レスリング部が最初に春のリーグ戦で優勝します」と宣言した。専修大学レスリング部は長州が入学した年にリーグ戦で優勝。それ以降、優勝から遠ざかっていた。

「丁度、専修大学の体育会が四〇周年だった。それで最初に俺たちのチームが優勝しますって言った。五月の初め頃だったはず。キャプテンが決まる三年（生）の終わり頃には心の準備が出来ていたんだろうね。それからもう厳しかったよ。彼がキャプテンのときが（専修大学レスリング部で）一番厳しいトレーニングしていた。もう、無茶苦茶やるからね」

俺、見ないふりをしていたものと、笑った。

「みんな吉田先輩が怖くて逃げられない。でも自分が先頭を切って、実践しているんだ。だから誰も文句が言えない。だからぼくはあのときが一番楽だった。彼が優勝を宣言した以上、優勝するだろうなって。それできちっと優勝した。ああいう学生はもう出てこないなぁ。性格も良くて勤勉、真面目ないい選手はいるよ。でもあいつは、ちょっと違うんだ。スケールが大きいもん」

鈴木が高く評価していたのは、集団を仕切る長州の姿だった。

◉勝敗から観客へ

長州は新日本プロレスに入った後も専修大学レスリング部の練習に顔を出している。卒業式で総長賞をもらいながら、卒業に必要な単位を取得できなかったのだ。授業に出席した後、レスリング部の道場で汗を流すこともあった。当時を知る専修大学レスリング部関係者は「プロレスの人間とは話が合わない」と長州がこぼしていたと教えてくれた。

佐山と違って、長州は寝技、関節技の練習に全く興味を示さなかった。それどころか嫌悪感を持っていた節がある。そこには自らの肉体への強い自負があった。

「スタンドからやっていたら、誰もぼくからテイクダウンは取れなかったでしょうね。当時、二〇代のバリバリでしたから。ぼくの（レスリング部の）後輩だってみんな（プロレスラーたちに）勝てたんじゃないかなと」

テイクダウンとは、レスリング用語でタックルで相手を倒すことだ。立った状態から始めれば、誰にも負けない。だから寝技や関節技は必要ない。そう冷ややかに見ていたのだ。

本来、プロレスとは鍛え上げた肉体、あるいは目を見張るような常人離れした躯を持った男たちによる〝ショー〟である。ただし、なめられてはならない。時に「プロレスはショーである」と絡んでくる一般人を力で叩きつぶすことも必要である。またリング上で相手が不意に〝仕掛けてくる〟こともある。衆目の中で顔を潰されれば、レスラーとしての価値は地に墜ちる。

レスラーは自分を護るために関節技を磨くのだ。関節技の強さは、スポットライトを浴びないプロレスの日陰の部分であるとも言える。

さらに新日本プロレスの特殊な事情もあった。

新日本プロレスはジャイアント馬場の全日本プロレスと競合関係にあった。二メートルを超える体軀に恵まれた馬場は、アメリカで華々しい実績を残していた。全日本プロレスはアメリカのプロレス団体と良好な関係を築いており、人気の外国人レスラーを招聘していた。同時に、こうした外国人レスラーを新日本プロレスのリングに上がれないようにしていた。

そもそもプロレス入門前、読売ジャイアンツの投手であった馬場と、ほとんど他の競技の実績がないブラジル移民の猪木の扱いは違った。二人の師である力道山は馬場の能力を高く買い、猪木には厳しく当たったという。猪木はいつか凌いでやろうと馬場を上目遣いで見ていたことだろう。馬場への対抗策上、猪木はモハメッド・アリとの異種格闘技戦に代表されるように〝強さ〟を全面に押し出した。そのため、日本においてプロレスと〝真剣勝負〟の区分が曖昧になった。

アマチュアレスリングは勝敗が全てである。その目標のために、直線的な努力が必要となる。個人スポーツではあるが、団体戦もある。学校スポーツにおいては、集団スポーツ的な要素が強い。自らを厳しく律し、同士を鼓舞する。そこに長州はやり甲斐を感じていたはずだ。

ところがプロレスは事情が違った。

入門直後のことだ。先輩レスラーの木戸修から「グラウンドになれ」と指示された。グラウンドとはグラウンドポジションを意味する。長州はマットに膝をついて、しゃがみ込もうとした。

その瞬間だった。片足が動かず、前につんのめった。振り返ると、木戸が涼しい顔をして踵を踏んでいた。

プロレスというのは、こういう汚いことをするのだと嫌な気持ちになったという。

「木戸さんがどうこうじゃないんです。新人に対する洗礼？　そういうものだったのかもしれませんね」

これまでの長州の生き方とは全く違っていた。〝個〟としてリングで自らを売っていかなければならないプロレスラーの生き様は受け入れにくいものだった。

長州には在日朝鮮人であるという出自はあるものの、アスリートとしての実績があり、馬場に対する猪木のような劣等感はない。猪木が醸し出していた、新日本プロレスの空気に戸惑ったのは当然だろう。

ただし――。

プロレスラーとはリングの上では激しく躯、感情をぶつけながらも、実はしっかりと手を握っている。彼らは観客に対して勝敗を隠すという秘密を共有した男たちだ。その意味で集団スポーツ的な面がある。

総合格闘家とプロレスラーは似て非なるものだ。前者は寡黙、もしくは口数が多い場合は自分の興味のあることをまくし立てる人間が多い。一方、実績のあるプロレスラーは、何を発言すれば聞き手が喜ぶのか、よく理解している。話の内容は面白くなるように〝洗練〟されている。同じプロレスラーたちを使って笑いを取る話術も持っており、単純な個人スポーツではないことを実感する。

藤波辰巳との「噛ませ犬」騒動の後、長州はプロレスの集団スポーツとしての面白さに気がついたのではないかと考えると、その後の行動に合点が行く。

この時期、言葉を操ることも覚えている。八三年四月、藤波に勝利しヘビー級のベルトを巻いた後、彼はこう言った。

「俺の人生にも、一度くらい幸せな日があってもいいだろう」

彼のキャラクターにぴったりと合った言葉だ。その後、彼は兄貴分であるマサ斎藤と共に「維新軍団」を率いることになった。

八四年にはジャパンプロレスというプロレス団体を立ち上げている。その後、新日本プロレスに戻る。そして、現場のレスラーを仕切る「現場監督」として東京ドームなどでの大規模興行を次々と成功させた。自らは引退しながらも、睨みを利かせながらレスラーたちを操ったのだ。

二〇〇二年、アントニオ猪木と決裂し、新日本プロレスを退社。ＷＪという新団体を立ち上げた際、長州は移籍してきたレスラーたちに一人あたま五〇〇万円の移籍金を支払っている。これはプロレス界では異例である。自分についてきた人間に少しでも報いたいと考えたからだ。この心遣いも集団スポーツのSIDに通じる。残念ながらこのWJは二〇〇四年に経営破綻。それでも側近の若手レスラーたちのため、二〇〇九年まで道場運営を続けた。

二〇一九年、長州はレスラーとして二度目の引退をしている。その引退ツアーの一つ、山口県山口市での興行にぼくは同行した。打ち上げで長州は、一人の中堅レスラーを呼び寄せると「お前、いい顔してるな」と笑みを浮かべて言った。そしてこう続けた。

「Vシネマの準主役ぐらいは出来るんじゃないか。人生考え直したほうがいい」

つまり、場数を踏んでいる割にプロレスが良くないという意味だ。その中堅レスラーは何も返すことが出来ず、赤面して下を向いていた。

長州は彼と何の関係もない。プロレス界の後輩に苦言を呈しても迷惑だと思われるだけだ。それを承知で厳しい言葉をかけるのは、長州らしい。

長州はSNSでも輝き続けている。彼がtwitterを伝言板のように型破りな使い方をしていると話題になったことは記憶に新しい。ただ、よく見ると問題が起こるような内容は書いていない。

長州は、ぼくたち物書きを生業にしている人間には思いつかないような語彙の使い方をする。特に、嫌いだと思った人間への批評は辛辣だ。しかし、twitterではそうした言葉は含まれていない。彼は何が話題になるかわかった上で道化を演じることが出来る。そして、危ない一線を「またがない」男である。

それは彼の集団スポーツのＳＩＤに起因していると思われる。

第六章

組織の力学——空手、ラグビー、アメフト

◉政治とSID

子どもの頃から始めたスポーツを職業とする人間はごく僅かである。しかしそれ以外の人間であっても、幼少期、あるいは感受性の強い青年期に長時間を費やしたスポーツの影響は必ず受けているものだ。人は経験に学ぶ生物だ。個人スポーツで己と向き合い、孤独に鍛錬していた人間と、集団スポーツで仲間と共に苦労をわかち合ってきた人間とでは、壁にぶつかったとき、解決方法が違ってくるのは当然のことだろう。

SIDはアスリートに限らず、その人の生き方に強い影響を及ぼしている。そう考えるようになったのは、二〇一〇年から一三年に掛けて前横浜市長の中田宏を追いかけていたときのことだ。

中田と初めて顔を合わせたのは、二〇〇二年に遡る。このとき、彼は衆議院議員を辞して、横浜市長に立候補していた。

この立候補は、ちょっとした偶然から始まった。

横浜市長だった高秀秀信は、四選出馬を表明していた。神奈川県選出の衆議院議員だった中田は、たまたま取材に来た新聞記者から横浜市長選挙について意見を求められた。中田は以前から首長多選に反対していた。どんな高潔な人間であっても、長期間権力の座にいれば腐敗が起こりうる。少なくとも、就任当初の熱は消えているはずだ。本人は腐敗から免れているとしても、組織としての緊張感は薄れ、惰性で動くようになる。そこで、中田は「現職市長の四選出馬は支持できない」と答えた。中田によれば新聞記者に尋ねられなければ、わざわざ意見を言うことはなかったという。

この発言は小さな新聞記事となり、それを目にした一部の横浜市会議員からも四選反対の声が挙がるようになった。それでも、高秀に対抗する有力な候補者は現れなかった。組織を持っている現職候補は有利なうえに、既存の各政党が彼を推薦していた。常識で考えれば勝ち目はない。そして四選反対を最初に口にした中田が押し出されることになったのだ。

一九六四年生まれの中田は九二年七月の衆議院選挙に日本新党から神奈川一区で立候補し、当選。このときまだ二八歳だった。そこから選挙区を替えながら三期連続当選していた。横浜市長選挙に出るということは、衆議院議員という地位を捨てることだ。当然、後援会から大反対を受けた。それでも中田は立候補を決めた。

ぼくが友人を通じて中田に会ったのはそんなときだ。彼は「当選しますよ」と強気だった。そしてその言葉通りに横浜市長となった。政令指定都市の市長としては史上最も若い、三七歳だった。

中田は横浜市の財政改革を公約としていた。市長就任と同時に、横浜市の財政を洗い直すように外部の専門家――財政改革ビジョン検討チームに命じている。実は横浜市の正確な負債額さえわかっていなかったのだ。

官僚には、自分たちが引き継いできた組織の存続を最優先するという性がある。そのために不都合な数字を隠すことも厭わない。外部の力を借りなければ、正確な財政の全体像を摑めないと考えたのだ。財政改革ビジョン検討チームが明らかにした横浜市の借金総額は六兆二二一三億円という巨額なものだった。

中田は市長交際費を全面公開、その後、市債残高、向こう五年の財政見通し、予算編成の審査過程などを公開した。透明化することで、内部に対する抑止力としたのだ。そして横浜市役所の不必要な特殊勤務手当を見直している。

人は既得権益を引きはがされると徹底的に抵抗するものだ。中田は労働組合から激しい反発を受けた。市役所の職員の立場は地方公務員法で手厚く守られている。彼らは発信元がはっきりと書かれた市役所のメールアドレスで中田に〈お前は馬鹿だ〉〈死ね〉というメールを送りつけてきた。

右翼団体の街宣車が毎日、横浜市役所に現れた。この背後関係ははっきりしない。中田は各種業界団体の補助金を見直し、全ての公共事業を一般入札に変えていた。これが建設業界から反感を買った。さらに二〇〇五年から神奈川県警と協力して黄金町の売春業者の取締りを始めると、見知らぬ男たちが執拗に面会を求めてきた。

労働組合から、売春組織や右翼団体――市役所の中と外、左から右、公務員から反社会組織にまで中田は嫌われたのだ。

中でも最大の〝抵抗勢力〟は横浜市会議員だった。ぼくは中田から当時の日記一式を借りた。そこには就任直後、各会派の部屋に挨拶へ行ったが、〈議長と副議長にしか会えなかった〉と書かれていた。

「みんな、わざといないようにしていた。そういう世界なんです。議長と副議長は逃げられなかっただけ」

意味はわかりますよね、と中田はあきれ顔で首を振った。当選したかもしれないが、自分たちはお前には従わないぞという意思表示だった。

市長就任時点で、中田を支持していた市会議員は『ヨコハマから日本を変える会』の五人だけだった。その後、最大一四人まで増えたものの、九二人の横浜市会では圧倒的に少数だった。何らかの政策を通すためには市会での承認を得なければならない。中田は反対を唱える議員たちを、粘り強く説き伏せた。

会派を広げる、あるいは新党を立ち上げることは考えなかったのですか、とぼくは中田に聞いた。すると、彼はぼくの目を見てこう返した。

「会派を広げる労力と時間を使うよりも、一つでも目の前にある問題を解決した方が良くないですか」

ぼくがわざわざ訊ねたのは、橋下徹の手法が念頭にあったからだ。

◉孤軍と徒党

橋下徹は一九六九年に東京で生まれた。中田よりも五歳年下に当たる。大阪府立北野高校から早稲田大学に進学。司法試験に合格し、橋下綜合法律事務所を開いた。

中田と橋下が初めて会ったのは二〇〇五年七月のことだ。横浜市長だった中田は、島田紳助が司会を務める『行列のできる法律相談所』に出演。そのとき、橋下は法律相談に答える弁護士席に座っていた。二〇〇八年一月、橋下は大阪府知事選に出馬。当選直後、中田は「おめでとう」と電話を入れている。

そして、こう続けた。

「財政再建を本気でやるのならば、血を見るような戦いになるよ」

橋下は選挙期間中から「大阪府は破産会社である」と財政改革の必要性を訴えていた。その後、二人はメール、電話でしばしば連絡を取り合うようになった。

橋下にとって中田は格好の先達だった。

すでに中田は横浜市の財政を好転させていた。中田の市長就任以降、横浜市営バスは年々赤字額を減らし、二〇〇七年には営業損益、経常損益ともに黒字。これは二二年ぶりのことだった。市営地下鉄も二年後の二〇〇九年には黒字転換の見通しが立っていた。こちらも黒字になるのは二五年ぶりである。三万四千人超の市役所職員は二万六千人へと削減、約一兆円の市債を減らしていた。

中田は当時をこう振り返る。

「橋下さんはわからないことがあるとどんどん訊ねてきた。意見をぼくにぶつけることで、自分の行動が正しいのか確認している節があった」

橋下は弁護士という経験はあるにしても、タレント候補である。どれほどやる気があるのだろうと当初、中田は疑っていた。ところが、知識、経験不足を認めて、頼ってくる橋下に中田は好感を抱くようになった。橋下はこれはと思った人間を取り込むことが巧みだった。

そんな二人の手法の違いが顕著に現れたのは二〇〇九年だった。

この頃、中田は市長辞任の時期を探っていた。

「二期で財政再建したら辞めるというのは最初から決めていた。最初の立候補でもそう公言していた。ぼくの中では、二期で仕事をやり遂げるというタイムスケジュールがあった」

懸念していたのは、自分が辞めた後のことだった。

中田が横浜市長に立候補した一つの理由は、高秀が四期目だったことに加えて、複数政党が支援する〝相乗り〟だったからだ。

政党は、議会で自分たちの支持母体の意向に沿った予算案を提出する。わかりやすい例を挙げれば、自民党ならば公共事業費の増額、かつての民主党、社会民主党であれば公務員の増員だ。各政党から支持を受けた首長は選挙の恩義があるためその要望を受け入れざるをえない。

つまり、〝相乗り〟によりどの政党も支持母体の期待に応えられる。複数政党全てが実利を得る手法である。負担を押しつけられるのは市民である。各党の予算案を認めれば、当然予算は肥大化する。

中田が二期で身を退けば、各党は再び相乗り候補を立てる可能性が高い。中田が行った財政改革は元に戻されるだろう。

「再建した財政が食い物にされない、次の市政を作るしかない。ある時期から、いつ辞めるか、自分の中で、砂時計をひっくり返していた」

七月一二日、東京都議会選挙での自由民主党の惨敗を受けて、総理大臣であった麻生太郎は衆議院を解散。鳩山由紀夫の率いる民主党は政権交代に向けて勢いを増していた。中田はこの時期しかないと閃いた。

衆議院総選挙で、つばぜり合いをしている自民、民主党が横浜市長選挙だけ相乗り候補を立てる可能性は低い。衆議院選挙と同日選挙となるぎりぎりの時点で辞任表明する。選挙まで時間がなければ、相乗り候補が選ばれるという可能性はさらに減るというのが中田の読みだった。中田は側近のごく僅かな人間だけに辞任を伝え、下準備を始めた。

そして、七月二八日、中田は横浜市長を辞職すると表明した。

記者会見で辞任理由をはっきりと説明しなかった。相乗り候補を立てさせないために辞めたと発言をすれば、寝た子を起こす、あるいは〝彼ら〟の感情を逆撫でするからだ。

このとき、中田は週刊誌で、根拠のない女性問題を騒ぎ立てられていた。後に裁判で全面勝訴することになるが、この時点では逃げたという印象を持たれ、しばらく苦しむことになる。中田は辞任の背景を説明しなかったことについて「政治を多少、取材している人間ならば自分の考えをわかってもらえると思っていた」とぼくにこぼしたことがある。

一方の橋下はというと——。

この二〇〇九年の一〇月、府庁舎移転を府議会に問うている。この採決をきっかけとして、自民党会派から五人の府議が離脱し、『自由民主党・ローカルパーティー』を結成。この直後から橋下は「大阪都構想」を練り始め、翌年四月に『大阪維新の会』が結成された。五月の大阪市会の補欠選挙で大阪維新の会の候補者が当選。大阪維新の会への合流者は増え、六月末には大阪府議会で二十七人、最大会派となったのだ。

◉赤信号は誰も見ていなくても渡らない

二〇一〇年八月、ぼくは中田と再会し、定期的に話を聞くようになった。

二〇一〇年四月に中田は日本創新党を結党、七月の参議院選挙に出馬したが落選していた。横浜市長時代と違い、彼には時間があったのだ。どん底のときから付き合えば、胸襟を開いてくれるだろうというぼくの計算もあった。

翌二〇一一年から、彼を取り巻く環境が動き始める。三月から中田は大阪維新の会の選挙応援に足を運ぶようになった。大阪維新の会は政治の大きな渦となっていた。一一月、橋下は大阪市長選挙に合わせて大阪府知事を辞職。自らは大阪市長選挙に、大阪府知事には大阪維新の会の松井一郎が立候補した。橋下、松井共に当選し、大阪都構想が大きく前に進むことになる。年が明けた一二年一月、中田は大阪市特別顧問に就任した。

それから中田は月に一回程度の割合で大阪に入ることになった。ぼくは何度か彼に同行している。中田はいつも、秘書を連れず一人で飛行機に乗る。伊丹空港で秘書的な仕事をする人間が出迎え、彼の運転する車で大阪市役所に向かった。後部座席で中田はパソコンを開き、キーボードを叩いていた。一方、市役所で見かける橋下は、組織の長ということもあるだろう、常に人に囲まれていた。対照的だった。

二〇一二年一二月に行われた衆議院選挙、中田は大阪維新の会の国政政党である『日本維新の会』の比例区で立候補した。維新の会の勢いを考えれば当選確実だった。中田に与えられた役目は主に東日本地区の候補の応援だった。

北陸でのことだ――。

何箇所かの応援演説が終わった後、選挙スタッフたちを交えて食事をすることになった。地方の夜は早い。店を出た一一時ごろ、車通りはすっかり消えていた。ホテルに向かって歩いていると、中田が突然立ち止まった。

「どうしたんですか？」

ぼくが訊ねると、中田は黙って信号を指差した。赤だった。

「誰も見ていないっていうかもしれないけれど、ぼくは政治家を志してから赤信号は一度も渡っていないんだ」

些細な法律違反もしないということだ。寒い夜だった。ぼくたちは口から白い息を吐きながら、横断歩道で立っていた。信号が青に変わると「よし、行こう」と中田は朗らかな声を出した。

中田のＳＩＤは中学生のときから始めた空手である。高校、大学でも彼は空手を続けた。前章で格闘技のＳＩＤを〈他人の目を気にせず、自分が必要と思えば無謀な練習であっても続けることを厭わない〉と書いた。中田も自分の決めたことを貫き通してきた。

定期的にトレーニングジムに通い、体脂肪率を管理。会食でも、自分の食べる量は守る。アルコールを飲むときは、同量の水を飲む。同席者が誰であってもこの流儀は変わらない。政治の現場で周囲から反発、誤解を受けても自分が決めたことを貫いた。中田のような男でなければ、負債を短期間で一兆円も減らすことはできなかっただろう。

日本の政治家で最も組織、つまり議会を操ることに長けていたのは田中角栄である。田中は〝数の論理〟の信奉者であり、「四分の一理論」を生み出した。

自民党内で、ある問題で意見が割れたとする。評決を採れば、多数派が勝つ。自民党には常に五つ以上の派閥があった。どの派閥も一派で多数を握ることが出来ない。多数派となるためには、複数の派閥をまとめることが必要だ。多数派の〝多数〟を握れば、党内の主導権を握れる。つまり四分の一以上の議員数である。田中はそのために、金をばらまき、〝子分〟を増やした。

中田が初めて所属した日本新党は、こうした田中を象徴とする自民党の政治手法を否定した細川護煕が立ち上げた政党だった。細川には田中的な要素がない。中田は細川のことを「ある意味、面倒見の良くない人だった」と評した。

中田は初めての衆議院選挙のとき、突然、細川から「立候補するか」と訊ねられて出馬している。全く選挙の経験がないにも関わらず、特に教えはなかった。中田は試行錯誤しながら選挙を学んだ。

中田も徒党を組まない。そして細川と同じように、後輩の面倒見も悪い方に入るだろう。創新党を立ち上げたときも、中心は松下政経塾での先輩に当たる山田宏だった。

そうした男だったからこそ、ぼくの『維新漂流　中田宏は何を見たのか』というノンフィクションが成立した。この中で彼はかなり率直に、心情を吐露している。実に、政治家らしくない。

一方、橋下のＳＩＤは中学生から始めたラグビーである。

朝日新聞の取材に橋下は「大阪市内はラグビーが盛んだったしね、やったら面白かった。闘争心に火がつく」と語っている。北野高校では花園ラグビー場で行われる全国高校ラグビーに出場、日本代表候補にも選ばれた。ポジションは左ウィングである。

〝バックス〟の左端に構え、他の選手からボールを受けてトライを決めるポジションである。昨年のラグビーワールドカップでは、福岡堅樹、あるいは松島幸太郎がウィングを務めていた。点を取るという意味では、サッカーのストライカー――9番に近い。

中田が〝個〟で突破を試み、橋下が自分に〝パス〟を出す組織――維新の会を欲したのは、SIDから考えれば当然のことだったのだ。

◉ラグビーとサッカーの本質的相違

橋下のSIDであるラグビーを少し掘り下げてみよう。

ラグビー日本代表だった平尾剛は、思想家である内田樹との対談本『ぼくらの身体修行論』の中で、ラグビーのポジションを二つに分類している。

〈身体の大きさを前面に押し出してがつがつひとにぶち当たるのがフォワードと呼ばれるポジションで、いわゆるスクラムを組む人たちのこと。バックスは、パスを交えながら相手をステップでかわしたりして、ぶつかるよりも走ることを得意とする人たちです〉

それぞれが躯を近づけてスクラムを組むため、フォワードは結束力が固いのだと平尾は指摘する。彼の所属していた神戸製鋼ラグビー部には「フォワード会」という集まりがあり、彼らはシーズン中でも集まって酒を飲んでいたという。

さらに——。

〈スクラムの最前列で直接相手と組み合うポジションを称してフロントローと呼ぶのですが、そのひとたちだけで飲み食いする「フロントロー会」というのもあります。相手チームと直接身体をぶつけ合う者同士がまとまっていなければ試合にはなりませんよね。他のチームも似たようなことをしていると聞いたことがあり、フォワードというポジションの特性を表しているよなあと、遠巻きに感心してい見てました〉

平尾はフォワード会に対抗して「バックス会」を結成したのだが、集まりの頻度は高くなかった。それはやはりポジションの特性——SIDが違うからだろう。

〈もろに身体を密着させて8人が組んで、押して押されて、どこか押されるとだれかにちょっとずつグッと負担がかかってくるから、みんなが一致団結することによって、その重圧を分散しながら受けとめてるんだと思うんです。そういう日々のやりとりのなかで、お互いの調子とか体調がヴィヴィッドにわかるんでしょうね。だから、練習を離れても、だれかが落ち込んでいるのを察して、「おい、飲みに行こう」となる〉

運動能力があったとしても、他人と力を合わせて、チームのために貢献することを意気に感じるようでなければ、フォワードは務まらない。

一方、平尾はバックスは〈気ままなひと〉が多く、特に最終ラインに位置するフルバックは変人が多い、とも語っている。平尾自身もフルバックの選手である。

この一節を読んで、ぼくは今泉清を思い出した。今泉は、早稲田大学、サントリー、そして日本代表のフルバックでもあった。週刊誌の編集者時代、彼に取材したことがある。今泉の話は脱線しがちで、そのとき興味を持っていた超常現象に向かった。取材後に行った神保町の焼肉屋でも同じだった。ぼくは面白くて耳を傾けたが、インタビュアーだった中村裕は、完全に聞き流す、あるいはその手の話題を冷淡に断ち切って、話の筋をラグビーに戻した。早稲田大学ラグビー部で今泉の先輩にあたる中村は彼の特性を熟知していたのだろう。

『ぼくらの身体修行論』で平尾の対談相手の内田は、ラグビーの目的は組織のための身体運用の能力、肉体の鍛錬であって、試合の勝敗ではないと読み解いている。

〈ラグビーの発祥は、ラグビー校というイギリスのパブリックスクールから始まったわけですよね。サッカーもそうですが、長いこと貴族の子弟というか名家の子どもたちというか、将来的にイギリスの支配階級になる子どもたちが習得すべきものとして、いくつかのスポーツがパブリックスクールでは必修化されていた。（中略）言わず語らず、無言のうちに「せーの」で瞬間的に全員の細胞の並びが揃うみたいな、そういう共同的な身体運用の能力を、こういうスポーツでは開発していたんじゃないでしょうか〉

ラグビーには、アフター・マッチ・ファンクション——試合終了後に両チームが食事をしながら酒などを飲むという習慣がある。試合後は敵味方の垣根が消える。それを持って日本では「紳士のスポーツ」とされていることに内田は疑問を呈している。

〈紳士どころか、あのひとたちは要するに帝国主義者ですから。
帝国主義者のゲームだから、グラウンドでの試合なんかでいちいち勝った負けたと騒ぐなよ、ということだと思うんです。彼らにとって喫緊の問題は、「世界をどう支配するか」ということなんですから、そのための基礎的な能力をラグビーやサッカーを通じて訓練しているわけです。

これから世界を支配しようというのに、イギリス人同士で勝った負けた、何点差だったなんて、がたがた言っている場合じゃないだろう、と。とにかく、今日のラグビーの試合でわれわれはまた一段と帝国主義者としての統治能力が向上したわけであるから、これをさらに植民地統治に生かしていこうではないか、というような、よく言えば「スケールの大きい」動機でラグビーをやっていたはずなんです〉

歴史的事実をふまえると、ラグビーは帝国主義勃興以前から存在している。ラグビーを帝国主義者のゲームと言い切るのはやや疑問だ。ただ、スポーツと組織に役立つ人材育成という観点で内田の分析には頷ける部分が多い。

同じイギリス発祥ということで、内田はラグビーとサッカーを同列に置いている。元々の姿はともかく現在の立ち位置は大きく違う。

ラグビーとサッカー、この二つのよく似た競技の成り立ちを簡単に振り返ってみよう――。

ラグビーはイギリスのパブリックスクール『ラグビー校』で〝サッカー〟の試合中に、興奮したウィリアム・ウェブ・エリスという少年がルールを無視してボールを持って走り出したことから始まった、と解説されることもある。初めにサッカーありき、である。

これをラグビーのレフリーの資格を持つフリーライターの李淳馹は事実誤認だとする。

イングランド・フットボール協会（FA）の設立は一八六三年であり、エリスがボールを持って走ったのはそれよりも前の一八二三年であることに触れたうえで、当時サッカーはまだ存在しておらず、〝フットボール〟という祭りから派生したルールの定まらない試合が各地で行われていたと書く。

〈その起源は、一説によると、イングランドが成立する以前に、ローマ人が現在のグレートブリテン島を支配していた頃から行なわれていたとも言われる。いずれにせよ、中世以降のイングランド各地では、村や町をあげての〝祭り〟としてのフットボールを楽しんでいたようだ。それらは、のちに「民俗（Folk）フットボール」あるいは「群衆（Mob）フットボールと呼ばれる。

ゲームは、村全体を〝グラウンド〟として行なわれる。文字通り〝土地〟を使い、参加人数に制限のないふたつのチームの数百人が、ひとつの〝ボール〟をいずれかのゴールに入れるまで押し合いへし合いしながら奪い合うというものである。まさに、村をあげてのお祭り騒ぎだ。（中略）

そんな祭りごとも、紆余曲折と時を経て19世紀に入ると、各地のパブリックスクールで行なわれるようになっていった。祭りごと自体がゲームとして楽しまれるようになったのである。そして、それまでは各村や各学校という限られた場所の中で楽しんでいたゲームが、人

と人の交流が盛んになるにつれて、他の学校との対戦が増え始める〉〈『ラグビーをひもとく』〉

それぞれのパブリックスクールには独自のルールがあった。交流戦のため〝フットボール〟のルールが必要となり、一八六三年にＦＡが発足。その際、〈一部のプレー以外は手を使えない〉という文言を含まれた統一ルールが制定された。

李によると〝フットボール〟は〈足でボールを前進させることが基本ではあったが、手を使うこと自体は禁止されていなかった〉という。相手が蹴ってきたボールを手で摑むことは許されていたのだ。その際、ボールを地面に置く、あるいは蹴り返すことになっていた。

別のルールを採用するラグビー校などはＦＡを脱退し、一八七一年に〈ラグビー・フットボール・ユニオン（ＲＦＵ）〉を結成。ルールブックにはラグビー校のルールを元にした統一ルールが制定された。時系列で並べると〈祭りから発生した〝フットボール〟がパブリックスクールで盛んになる〉〈ラグビー校のエリス少年がボールを持って走った〉〈ＦＡ――サッカー協会設立〉〈ＲＦＵ――ラグビーユニオン設立〉となる。初めにフットボールありき、ではあるが、サッカーありき、ではない。

現在ラグビーの中心となっているのは、グレート・ブリテン及び北アイルランド連合王国のイングランド、ウェールズ、スコットランド、アイルランド共和国（北アイルランドとの共同代表）の他、旧宗主国であったオーストラリア、ニュージーランド、南アフリカである。

その他、フランスは一八七一年に普仏戦争に敗れた後、大英帝国の強さを研究、ラグビーを取り入れたとされている。

一方、ラグビーと袂を分かったサッカーは、世界で最も愛されているスポーツとなった。大きな役割を果たしたのは、南米大陸のブラジルである。

一九世紀、イギリスは鉄道を発明し、世界中に輸出した。一八五六年、イギリスとブラジル政府が共同出資したサンパウロ鉄道会社が設立されている。これは港町サントスとサンパウロを繋ぐ鉄道の敷設を目的としていた。このサンパウロ鉄道で働いていた、チャールズ・ミラーという男が、ブラジルにサッカーを持ち込んだ。ミラーは一八七五年にサンパウロで生まれた。両親はイギリス人で、子供時代はイギリスで教育を受けた。サンパウロ鉄道会社に勤務することになり、荷物の中に、サッカーボール二個とユニフォームを忍ばせたという。

一九〇一年にサンパウロでリーグが設立、翌年には五つのクラブによるリーグ戦が始まっている。

もう一つの大都市であるリオ・デ・ジャネイロでは、英国系ブラジル人のオスカー・コックスがスイス留学中にサッカーと出会った。一八九七年に帰国した彼は、イギリス系のスポーツクラブでサッカーを始めようとしたが、クラブの主流はクリケットだった。そこでコックスはサッカーのために一九〇二年にフルミネンセを設立。現存するブラジルのサッカークラブで最も古い歴史を持つのはこのフルミネンセである。

ブラジルでの支配者層は欧州から移民してきた白人であり、それ以外とは明確な区別があった。当初、サッカーは白人のもので、有色人種はピッチに立つことができなかった。一九一四年、フルミネンセの黒人選手、カルロス・アルベルトが米粉を肌に塗りつけて試合に出場。米粉が汗で流れ落ちてしまい、観客たちが大騒ぎしたという記録が残っている。この人種差別がブラジルのサッカーの方向性を決めた。

『A Questão Racial Negra no Brasil（ブラジルの黒人問題）』という著書のあるシルビオ・フェレイラによると、黒人選手は白人選手と同じピッチに立てるようになっても身体的接触が許されなかったという。白人選手に触れずにボールを運ぶために、黒人選手はドリブル技術を磨き、独特のリズム――ジンガを身につけるようになった。

やがて白人支配層の枠が外れ、サッカーはブラジルに土着化した。その過程でジンガを元にして〝フッチボウ・アルチ（芸術サッカー）〟という独自の美学が確立した。フッチボウ・アルチとは、華麗にパスを繋ぐ攻撃的なサッカーのことだ。

そのフッチボウ・アルチを体現し、世界中の人々を魅了したのが第四章で触れたペレだった。ペレはサッカーを世界中に広める力にもなった。

彼の所属していたサントスFC、ブラジル代表は、ペレを押し立ててアフリカ遠征も行っている。黒人のペレは、政治的、経済的に虐げられていたアフリカ大陸の人々の光だった。アフリカにおいて「ペレ」は「サッカー」と同義語となった。現在、世界中に散らばっているアフリカに出自を持つサッカー選手たちは、ペレが蒔いた種から生まれた果実である。

◉集団は危険の共有から生まれる

サッカーとラグビーは、激しい肉体的接触の有無でも線引き出来る。ラグビーはサッカーと比較すると、重篤な怪我、死亡の可能性が高い。

二〇一七年に独立行政法人日本スポーツ振興センターは、小学校、中学校、高等学校での『体育活動中における事故の傾向について』という報告書を出している。一九九八年から二〇一六年度までの一九年間で、死亡及び一級から三級の重障害の事故が最も多かったのは、陸上競技の一四七件だった。その後に水泳の八五件、柔道の八三件、バスケットの七〇件、サッカーの六二件と続いている。

この資料では細かな内訳は表記されていないが、表を見ると陸上競技の原因の、約八割は〈突然死等〉である。

日本スポーツ振興センターの別の資料によると〈学校の管理下における突然死の現状〉は、一九九九年度から二〇〇八年度までの一〇年間で、心臓系突然死が七一パーセントである。

バスケット、サッカーも七割から八割程度は、突然死等が占めている。これは全体の突然死の割合とほぼ同一である。二位の水泳は半数近くが〈溺水〉、柔道は七割近くが〈脊髄損傷〉

と〈頭部外傷〉である。ラグビーは野球に次ぐ、七位の四二件。その内訳は柔道と近い。突然死等は二割以下で、脊髄損傷と頭部外傷が七割。

その主たる原因はタックル、そしてスクラムである。スクラムの有無がサッカーとラグビーのSIDをはっきりと切り分けているとも言える。

先に引用した平尾の「みんなが一致団結することによって、その重圧を分散しながら受けとめている」の〝重圧〟という言葉は、危険性と言い換えてもいい。危険を共有する彼らの繋がりが密になるのは当然だろう。それがラグビーのフォワードのSIDとなった。

一方、身体的な接触の少ないサッカーからは、ラグビーの〝フォワード〟的要素がほとんど消えた。多少残っているとすれば、守備で躯を張るセンターバックの「4番」だろうか。平尾は前掲書の中で日本のラグビーではフォワードの選手がキャプテンを務めるとチームがまとまりやすいと感想を漏らしている。サッカーではセンターバックがキャプテンマークを腕に巻くことが多いことが想起される。

サッカーはラグビーと同じ起源、同じチームスポーツであるが、選手同士の繋がりが緩やかであるのは、必然なのだ。

そしてラグビーの〝フルバック〟は、サッカーにおけるゴールキーパーに近いだろうか。現役時代、体調管理に拘り、グラム単位で自らの体重を感じ取り、体脂肪率を調節していた元日本代表ゴールキーパーの川口能活などは、間違いなく平尾の言う〈変人が多い〉系譜に連なる。

手を使用することが出来るゴールキーパーは、一人だけ別の色のユニフォームを身につけており、他の選手とかなり役割が違う。フィールドプレーヤーよりも同じボール競技であるハンドボールやアイスホッケーなどのゴールキーパーと近似性がある。

ただし、サッカーの戦術も変化している。ドイツ代表のマヌエル・ノイヤー、テア・シュテーゲンに代表されるように、ゴールキーパーはフィールドプレーヤーのボール回しに加わる傾向があり、足技が要求されるようになった。ラグビーのフルバック的な役割に近づいている。

◉スクラムハーフと単独登山――宿沢広朗

ラグビーのＳＩＤと組織を考える上で外せないのは、宿沢広朗である。

宿沢は一九五〇年に東京都日野市で生まれた。富士電機の準硬式野球部監督を務めていた父親の影響でまずは野球に取り組んだ。中学校まで野球部、埼玉県立熊谷高校に進学してからラグビーを始めている。小柄な宿沢は野球選手としての将来を見限ったようだ。

そこで宿沢は「スクラムハーフ」というポジションに出会うことになった。スクラムハーフの主たる役割は、味方がボールを奪取した後、攻撃に繋げることだ。ボールをバックスに展開するのか、フォワードに渡して突進させるのか、自分で運ぶのか、蹴るのか、状況を判断して最適な攻撃方法を選択する。判断力、俊敏性が要求されるポジションである。

宿沢を主人公としたノンフィクション『宿澤広朗　運を支配した男』で加藤仁はこう書いている。

〈高校生の宿澤が「スクラムハーフ」に活路を見いだしたことは、その人生を左右するほどの重要な選択であった。それは生まれついての資質であり、「ラガー」としての習い性でもあったと思うが、銀行員になってからも「スクラムハーフ」らしき動きが仕事におおいに反映され、仕事哲学にまで高められたのではないのか。ビジネスの局面はつぎつぎと進展していく、ぼんやりしていると手遅れになりかねない。どのようなときでもボールを前へすすめなければ、得点するチャンスは生まれないというラグビーの鉄則は、銀行という職場においても宿澤に時間の無駄づかいをさせることなく、「いま、なにをすべきか」を考えさせ、つねに「スクラムハーフ」のように動くよう仕向けた。瞬発的な判断によって立ちむかわなければ勝機は訪れないという「スクラムハーフ」経験が全身に染みこんだ〉

スクラムハーフのSIDである。

宿沢は熊谷高校から早稲田大学政治経済学部に進学、ラグビー部に入部。早稲田大学二年、三年時、それぞれ新日鐵釜石、三菱自動車京都を破り、二年連続日本選手権優勝を成し遂げた。七三年、住友銀行に入行、新橋支店に配属されている。

宿沢が入行したとき、住友銀行にラグビー部は存在しなかった。日本代表に選ばれていた宿沢の所属に銀行の名前を入れるため、急遽、ラグビー部が創部された。入行から半年後の秋に日本代表としてイギリスとフランス遠征に参加。二年目にもニュージーランド遠征に選ばれている。現役生活は長くなかった。七五年に引退、銀行員として出世階段を軽やかに駆け上がっていった。

七七年、ロンドンへ赴任。金融の本場で為替ディーラーとして結果を残した。それでも有能な彼をラグビー界は離さなかった。日本帰国後の八九年、宿沢は銀行員としての業務をこなしながら、日本代表監督に抜擢された。

この年の五月、宿沢の率いる日本代表は強豪である、スコットランドとのテストマッチに勝利した。一九七一年の初対戦以来初めての白星だった。番狂わせ、である。試合後、宿沢は「お約束通り勝ちました」と口を開いた。彼はスコットランドを徹底的に分析し、勝利の確信を持っていたのだ。宿沢は九一年にイギリスで行われた、第二回のラグビーワールドカップを最後に監督を退いた。この大会で日本代表はジンバブエ戦で一勝を挙げ、ワールドカップ初勝利を記録している。

八九年、四一歳のとき大塚駅前支店の支店長に就任。その後、同期に先駆けて役員に昇進している。

しかし、輝かしい栄光に包まれた彼の人生は突然、幕を下ろすことになる。二〇〇六年六月、登山中に心筋梗塞を発症し急逝したのだ。まだ五五歳だった。

興味深いのは、彼が早すぎる晩年、登山に熱中していたことだ。前出の『宿澤広朗　運を支配した男』によると、最初は仲間と、やがて単独で山に出かけるようになったという。

登山を始めたのは三井住友銀行の常務執行役員・大阪本店営業本部長時代である。この時期、三井住友銀行は不良債権の処理という問題を抱えていた。その一つが「松下案件」と呼ばれるものだった。

松下グループに〈松下興産〉という、創業者である松下幸之助が興した不動産会社があった。松下の血筋に連なる人間が社長を務めており、松下グループの〝聖域〟とされていた。この松下興産が、八千億円近い有利子負債を抱えていた。この巨額の負債は本体である松下電器産業にも影響を及ぼす可能性があった。三井住友銀行は松下興産に一八三〇億円の融資を行っていた。不良債権である。金融庁は不良債権処理を各銀行に急がせていた。創業家の絡んだ松下興産の不良債権処理は、三井住友銀行の逼迫した問題だった。

松下興産は、新会社を設立し一部事業を移した後、残りは売却、解体された。メインバンクである三井住友銀行は半分に近い融資残高を放棄したといわれている。銀行内でも極秘扱いされた重要案件を抱え込んだ宿沢は、無心になるために山を一人で歩き続けたことだろう。

人間には多面性がある。本来の彼は、むしろ一人になったときに安らぎを感じる種類の男だったのかもしれない。銀行員という仕事とラグビーを両立した彼の突出した〝個〟の強さは、集団スポーツであるラグビーのＳＩＤだけでは片付けられない。死の前年の二〇〇五年、宿沢はラグビー協会の改革に手をつけようとして、協会理事を事実上、解任されている。ラグビーと出会わなければ、どんな人生を歩んでいたのだろう。大学ラグビーのスター選手であった彼が、山で亡くなったという事実には長い余韻がある。

◉財界人のＳＩＤ

二〇一四年から数年間、ぼくは『プレジデント』という経済誌で漫画家の弘兼憲史がホストを務める対談連載の構成をしていたことがある。

ぼくと弘兼の付き合いは出版社に勤務していた時代に遡る。担当編集者であったことはない。ただ、先輩が彼を担当していたことで、面識があった。ぼく、先輩、そして弘兼は同じ大学の同じ学部卒業だったのだ。

ぼくが物書きとなるため出版社を辞めた頃、距離が縮まった。彼もまた松下電器を退社して漫画家になっている。会社員としての立場を捨てて表現の道に入るということで、親近感を持ってくれたのかもしれない。退社直後、食事に誘われた。弘兼は押しつけがましいところが全くない男だ。助言などは一切なく、いつものように楽しい酒だった。それからしばしば共通の友人たちを交えて会う機会があり、その度に〝仕事はどうだ、元気にしているか〟と声をかけてくれた。温かい眼を注いでくれる年長者がいることは大いに励みになったものだ。

あるとき、『プレジデント』で連載を持ちかけられている、その構成をやらないかという連絡が入った。このとき、ぼくは中田宏を追った『維新漂流』と『ザ・キングファーザー』という二冊の書き下ろし単行本を抱えていた。ぼくは器用な書き手ではない。ちょっとした表現をどうするか考えてキーボードの前で何時間も腕組みをして立ち止まる。あるいは作品の世界に入り込んでしまい、思索の密林から出てこられないこともある。その間は日銭となる雑誌などの仕事が手につかない。書き下ろしの単行本を二冊抱えると経済的にはかなり苦しい。そのことを弘兼は耳にしていたようだった。月に一回、対談に行き原稿を書く。気分転換になる上、定期的な収入になる、というのだ。彼の気遣いが嬉しかった。喜んでやらせてくださいとすぐに返事をした。

この『弘兼憲史の「日本のキーマン」解剖』に登場した経営者をざっと書き出すと――。柳井正（ファーストリテイリング）、澤田秀雄（HIS）、新浪剛史（現サントリー）、増田宗昭（カルチュア・コンビニエンス・クラブ）、辻本憲三（カプコン）、南場智子（DeNA）、池森賢二（ファンケル）、依田巽（ギャガ）、櫻田厚（モスフードサービス）、金丸恭文（フューチャーアーキテクト）、熊谷正寿（GMOインターネット）、唐池恒二（九州旅客鉄道）など。弘兼憲史という人物を立てたことで、多くの人間が対談を引き受けてくれた。個性のある人間たちと会うことは取材の経験値を上げることにもなった。

対談前、担当編集者が揃えてくれた多くの資料を読み込む。過去のスポーツ競技歴——SIDは一つの参考になった。

高校時代にバスケットボールの国体選手に選ばれた過去を持つ、新浪剛史。あるいはローソン元会長の玉塚元一のように、慶応大学ラグビー部で大学選手権準優勝したという経歴の人間もいた。玉塚の落ち着いた雰囲気、周囲を気遣う言葉選びからは、ファーストリテイリングで柳井、ローソンで新浪という個性の強い人間と上手く折り合いをつけてきた姿が浮かび上がってきた。彼のポジションはフォワードのフランカー。スクラムを組む際、後ろに位置する選手である。

集団スポーツのSIDとして真っ先に思い出すのは、スポーツ用品メーカー、ドームの安田秀一である。

安田は一九六九年に東京都で生まれた。法政第二高校でアメリカンフットボールを始めている。法政大学でも競技を続け、三年、四年時には学生日本代表に選出。卒業後の九二年に三菱商事に入社した。そして九六年、三菱商事を退社し、高校時代からのチームメイトと共にドームを設立している。テーピング用品の輸入販売から始め、九八年から『アンダーアーマー』の日本総代理店になった。

「自分の父親の世代は、景気が良くて、需要があったから、運が良ければお金儲けが出来た。多少の苦労はしたかもしれないけど、その前の世代が作ったものの美味しいところだけ取っているように見える。多少の貧しさから富を得た世代というのは、自分たちを振り返る必要がなかった。一方、ぼくらは、何のために生きているんだという疑問から始まっています。自分の幸せというのは、大きな会社に入って出世するというのでも、莫大な金を稼ぐというのでもない」

前の世代から引き継いだこの社会をさらに豊かにしなければならない。そう出来ていないないことに潜在的な問題意識を持っているのだと言った。

「うちの会社に入ってくる人って、そういうところに共感してくれているんです」

ドームにはアメリカンフットボールを中心に、多くの元アスリートが働いている。安田が心の垣根なく、幅広く人材を受け入れる気質を持っているからだろう。それはある意味、究極の集団スポーツであるアメリカンフットボールのSIDである。

アメリカンフットボールもまたイギリスの〝フットボール〟を起源としている。フットボールがアメリカの大学に持ち込まれ、独自に発展した。

イギリスのパブリックスクールの目的は、何度も触れたように〝リーダー〟の教育と養成である。スポーツはその一つの手段であった。一方、アメリカの大学スポーツはプロアスリート養成の色が濃い。そのため、より効率化が進んだ。

安田はアメリカンフットボールでの経験が経営に役に立っているのだと言った。

「スポーツは合理的なアプローチをしなければ、結果が出ない。逆に言えば、結果の出ない人たちというのはどこかで合理性を欠いていると上下関係を重んじ過ぎているのではないか。ぼくが大学生のとき、五九連勝していた日本大学に勝ちました。日大に勝つために合理性を追求しました。がむしゃらに練習するんではなく、なぜこの練習をやるのか考える。ダッシュをするにしても、これはスプリント能力を高めるのか、心肺機能を高めるのか、それによって意味合いが変わってくる。そうしたものを因数分解することによって合理的な判断が出来る」

安田の現役時代のポジションは、オフェンス・タックル（レフト・タックル）であった。「オフェンス」とはラグビーの「フォワード」に相当する。一般的にはボールを持って試合をコントロールするクォーターバックを守るポジションである。

アメリカンフットボールの戦術は様々である。法政大学のオフェンス・タックルは、相手のディフェンス（ラインやラインバッカー）をブロックして、ランナー（味方のラインバッカー、クォーターバック）が走るための空間をこじ開ける役割が与えられていたという。どちらにせよ、チームのために躯を張るポジションである。

興味深いのは、安田はドームを設立したとき、法政大学のクォーターバックだった今手義明（現・ドーム取締役 専務執行役員）を誘っていることだ。危険性を共有した関係の絆は強いのだ。

第七章

「英才教育」は有効か——ゴルフ

◉早期化するスタートライン

近年、トップアスリートの低年齢化が著しい。

身軽であることが有利なフィギュアスケートでは一〇代半ばで世界の頂点に立つ。平昌オリンピックで金メダルを獲得したロシアのアリーナ・ザギトワが一五歳と一六歳の選手の台頭により、ロシア代表の地位が危うくなっているという報道があった。ザギトワはこのとき、まだ一七歳であったにも関わらず、である。

かつて日本のオートバイレースでは、一六歳で二輪免許を取得、峠で腕を磨いてからレース活動を始めていた。今やそんなトップレーサーは誰もいない。

MotoGPの最高峰クラスで七シーズンのうち六度世界チャンピオンとなっているマルク・マルケス。九三年生まれの彼が初めてオートバイに乗ったのは五歳のときだった。二〇〇一年にはカタルーニャ州のエンデューロレースのジュニアクラスで優勝、二〇〇二年からロードレースに転向。MotoGPの一二五ccクラスに参戦したのは一五歳のときだ。二〇一一年からMoto2クラス、そして二〇一三年から最高峰クラスに参戦し、一年目からタイトルを獲得した。

マルケスの前にMotoGPで敵なしだったのが、イタリア人のバレンティーノ・ロッシである。父親はオートバイレーサーで、ロッシは子どもの頃から父親について世界中を回っていた。

ロッシには二度、取材をした。彼のような世界的ライダーの取材は厳密に管理されており、突っ込んだことを聞く時間は与えられなかった。直接会って話を聞いたという証拠作りのような取材ではあったが、彼のどこか裏のある朗らかさを感じたことだけが収穫だった。

「ぼくは父親からオートバイレースの情熱を受け継いだ。最初は（四輪の）カートから始めて、その後にミニバイクでレースに出るようになったんだ」

五歳のときに六〇ccから一〇〇ccのカートに乗り換えた。そして一七歳からMotoGPの前身である世界ロードレース選手権の一二五ccクラスに参戦している。彼は七度の最高峰クラスでのチャンピオンとなり、現在も現役を続けている。

一六歳で免許を取るような人間には、彼らと同じ舞台に立つという夢さえ持てない世界である。

ただし、子どもの頃から一つの競技に注力するということは、他の可能性を捨てることでもある。

個人スポーツと集団スポーツのどちらか、そして何のスポーツを選ぶのか。その選択は往々にして、本人ではなく親に任されることになる。

その最たるスポーツの一つがゴルフだ。

かつてゴルフは野球やソフトボールなどの他競技からの転向が多かった。道具、練習場所、ラウンドフィーなどの出費がかかるため、金銭的余裕のある社会人の趣味とされていたのだ。しかし、石川遼、松山英樹といった若きプロゴルファーはみな小学生からゴルフを始めている。

「親に連れられてきて、ゴルフを好きになる子は上手くなります。でもゴルフが嫌いだと言っている子も親が強制的にやらせていれば、上手くなる。上手くなればゴルフが好きになる。〝小さい頃、ゴルフは嫌いでした〟というプロはいっぱいいますよ」

と語るのは、井上透である。

井上は佐藤信人、中嶋常幸、加瀬秀樹などの男子プロゴルファーのツアーに帯同した経験を持つコーチである。彼が現れる前、日本のプロゴルファーは「師」である先輩ゴルファーから学ぶのが普通だった。選手と対等であるという、近代的コーチの先鞭をつけたのが井上だった。現在は横浜市で『トゥルーゴルフアカデミー』を主宰する傍ら、成田美寿々、穴井詩、武尾咲希、河野杏奈などの女子プロゴルファーのコーチング、東京大学ゴルフ部の監督を務めている。

井上はゴルフという競技の特性を考え続けてきた男である。

「ゴルファーって、テニス、卓球、野球をやってもそこそこ上手いんです。このあたりの競技は〝横移動〟が可能。運動神経がいいはずのサッカー選手や陸上選手って、ゴルフはあまり上手くない。彼らが大人になってから、かなりの時間をゴルフに費やしても、上達が遅い。両方の競技とも道具を使わない。彼らは運動神経が良いのではなくて、身体的能力が高いと言うべきかもしれません」

井上は、まずスポーツを球技とそれ以外に分類する。そして球技には「棒状」の器具を使用する競技とそうでない競技がある。前者の棒状の器具を使用する競技をさらに二つに分ける。「握っている棒の直線上の〝芯〟でボールを捉えるかどうか。直線上の芯でボールを捉えるのが、野球、テニス、卓球。芯がずれているのが、グランドホッケー、アイスホッケー、そしてゴルフです。グランドホッケーやアイスホッケーの選手などは、最初からゴルフが滅茶苦茶上手いですよ。使う道具の特性が似ているからなんです」

野球の打者は、わざと芯を外してバットに球を当てることもある。そしてテニスや卓球も棒の延長線上にあるより広い面で球を捉える。とはいえ、芯を意識ながら棒を握ることは変わりない。一方、ゴルフのクラブは芯とボールを当てるヘッドはグリップから一直線上にはない。これが大きな違いだと井上は言う。

◉自ら発見するSID——井上透

井上は一九七三年に神奈川県で生まれた。子どもの頃に夢中になったのは野球だった。「ずっと四番キャッチャーでした。すごくマニアックな子どもだったんです。当時はビデオカメラは一般的ではなかったのですが、たまたま家に八ミリビデオ（録画機）があった。それで自分の打撃フォームを撮影して、自分でチェック。対戦相手の試合を撮って分析していました。

あまりいない変な野球少年だったでしょうね」

　将来の夢はプロ野球選手だった。法政第二高校で甲子園に出場、法政大学に進み、プロ野球選手になるという道筋を描いていた。しかし、それは高校一年生のときに断ち切られることになる。

「走り込みをしたときに過呼吸になったんです。病院に行って身体検査をしてみると、心拍数が一定以上になると酸素を吸収する能力が落ちる体質だったことがわかった。過度に心拍数を上げてはならないという診断書を監督に提出したら、お前のために練習を抑えることはできない、選手を辞めてマネージャーにならないかと言われたんです。ぼくは肩も強くて、バッティングでも遠くに飛ばせた。肩を壊した、あるいは故障して野球ができなくなったというならば諦めもつく。でもそうじゃなかった」

　マネージャーにならないかという話は断り、野球部は辞めた。突然、自分の夢が消えたことに悶々としてるとき、家の近くにあったゴルフ練習場が眼に入った。

「最初にゴルフ練習場に行ったとき、八ミリビデオを持っていったんです。親父がゴルフ番組を観ていたので、なんとなくゴルフという競技は理解していた。フォームが大切だということはわかっていたんです。それでゴルフをやってみたら、これは天職じゃないか、と思った」

　父親はゴルフを齧っていたが、得意ではなかった。同僚たちとラウンドすることが苦痛だったという。

「自分はゴルフが下手だから、恥ずかしかったらしいんです。ぼくがゴルフをやるって言ったら、社会に出たらゴルフは大切だから頑張れって応援してくれたんです」

その日から、井上の生活はがらりと変わった。終業チャイムが鳴るとすぐ教室を飛び出す。帰宅してすぐに練習場へ向かった。

「最初はコーチにつきました。でもぼくのマニアックさに引き気味でしたね。そのコーチは感覚派というか、こうやって打つんだぞというデモンストレーションをしてくれるだけで、ああしろ、こうしろというのはなかった。ぼくはそれが居心地が良かったんです。野球の本を読み漁っているような選手だったので、今度はゴルフの本、雑誌を片っ端から読みました」

ゴルフは天職じゃないか、という思いは次第に深まっていった。

「自分で努力すれば、すべて自分のためになる。どの練習をするかというのも自分の判断。それが自分にはやりやすかった。野球部の練習は長いんですけれど、個人の練習は短い。待っている時間が長い。家に帰ってから、個人の時間で、素振りをしてフォームをチェックしなければならなかった。ゴルフは全て自分のために時間が使える」

集団スポーツよりも個人スポーツの方が向いている――井上はゴルファーのＳＩＤを持っている自分に気がついたのだ。

◉大学ゴルフ部を辞めてアメリカへ

「甲子園を狙っていた高校生がいきなりゴルフを始めたわけですから、最初から速く（クラブを）振ることが出来た。とてつもなくボールを飛ばせたんです。ゴルフを始めて一週間でドライバーを折りました」

八ミリビデオで自分のスイングを録画し、世界の一流選手のスイングに近づけようとした。その過程が面白く、ますますゴルフにのめり込んだ。

高校卒業後、系列校である法政大学に進学、ゴルフ部に入っている。大学である程度の結果を残し、卒業後にプロテストを受験するつもりだった。

ところが――。

「大学のゴルフ部が〝団体ゴルフ〟でした。強烈な体育会系。四年生が神様で、二年生は奴隷、一年生は家畜という時代でした。一秒でも遅刻したらスキンヘッド、何かあると一年生は正座三時間。高校の野球部以上のスパルタ、いじめがあった。今、振り返れば、部の体制として一学年五、六人、全部で二十人から二五人ぐらいにしたいという考えがあったんでしょう。（ゴルフの）推薦入学以外の部員を落とすために、わざと厳しくしていた」

推薦入学で入って来ていた学生たちは、遅くとも中学生からゴルフに取り組み、高校生の大会で結果を残していた。高校一年生の途中からゴルフクラブを握った井上との差は歴然としていた。

「実力的には彼らが七三、四で回ってくるのに対してぼくは七〇台後半。ゴルフ部でぼくは戦力じゃなかった。ただ、スコアの差は、あまり気にしていなかった。これから自分は伸びるのはわかっていましたから。ただ、プロゴルファーになるという目的のために、自分はここにいる必要があるのか、ここで自分が強くなれるのかと考えて、半年で退部しました」

その後、井上はアメリカのユタ州で一箇月間、ゴルフ留学している。そこでアメリカの恵まれた環境に眼を見張った。

「練習から芝で打てる。ゴルフ場は毎日ラウンドできる。日本は当時、バブルだったのでラウンドするのに土日は三万五千円、平日でも二万七、八千円の時代です。ジュニアのラウンドフィー（割引）がなかったんです。だからぼくはそれまで七ラウンドしかしたことがなかった。七ラウンド目で七九が出たんです。アメリカの環境でゴルフをやったら絶対に上手くなると思いました」

井上は帰国すると、アメリカに行かせて欲しいと親に頼んだ。もちろん親は、〝せっかく大学に入ったのだ、卒業してから行けばいいではないか〟と反対した。井上はプロになることを考えれば、大学を卒業した二二歳からでは遅いのだと食い下がった。

「大学を卒業するまでの二年間、留学費は払ってもらえることになりました。ただ二年だけ。それが終わったら一切援助はしない、と。ぼくは退路を断つために大学は退学するつもりでした。親は帰ってくるかもしれないと休学にしました」

アメリカでは文字通りゴルフ漬けの日々を送ることになった。最初の半年間、井上は一八〇ラウンドを回っている。ほぼ毎日一ラウンドしたことになる。

スコアはめきめきと伸びた。

「プロレベルに達して、プロ宣言をしてプロのミニツアーに出なさいというアドバイスをもらったんです。そこでアマからプロになった。現地のミニツアーっていうのは、野球で喩えるならば三軍のようなもの。試合に出て、稼げたり稼げなかったりという三流プロとしての生活を始めたんです」

日本のゴルフ場の芝は、プレーフィーが高いこともあり、プレーしやすい芝質を維持している。アメリカはそうではない。難しい芝に慣れていれば優しい芝には対応できる。一方、優しい芝に慣れたゴルファーは難しい芝に手こずる。日本は育成には向いていないとつくづく思った。

そんなとき、親との約束の二年間がやってきた。

「ある程度、予選通過できるようになったり、アンダーパーで回れるような実力はついていたんです。親からの援助が打ち切られることになれば、一人で食べていかなければならない」

日本に戻るという選択肢はなかった。アメリカで仕事を探すしかなかった。

「アメリカでも、ぼくは可能な限りゴルフに関する本や雑誌を読み、テレビを観て情報を集めていました。USPGA（アメリカプロゴルフ協会）のツアーにも足を運んで、ビデオを撮って研究していた。情報が溢れるぐらいのインプットが終わっていたんです。それを人に伝えることは簡単にできるような状態でした。なんとなく自分でも指導者は出来るだろうなというのはわかっていた」

井上のようにアメリカの最先端の情報を持ち、なおかつ日本の事情をふまえて分析できる日本人ゴルファーはいなかった。誘われるままに日本人ゴルファーのコーチを務めるようになった。それでもプレーヤーをやりたいという気持ちは持ち続けていた。しかし、米山剛と杉本修作という二人の日本人ツアープロからコーチを頼まれたとき、プレーヤーとしての将来は断ち切ることにした。

「日本のトッププロからスイング見て欲しい、指導して欲しいと言われている中で、自分がプレーヤーという選択肢を持っていたら失礼になるじゃないですか」

九七年、井上はコーチとして日本に帰国した。

◉年上の一流選手をコーチする

翌九八年のある日のことだ。

井上はいつものようにゴルフ練習場で米山を指導していた。するとー人のゴルファーが近づき、米山に「彼は誰なのだ」と尋ねた。井上は二三歳だった。若い男が年上のプレーヤーに指導することは、これまでの日本ではなかった光景だったのだ。米山は自分のコーチなのだと言ったうえで「アメリカから帰ってきたばかりで最先端の情報を持っているんですよ。若いけれど凄い奴なんです」と紹介した。それを聞いた男は井上にこう言った。

——アドレスについてレポートを書いてきてくれないか。

中嶋常幸だった。

「チャンスなのかなぁと思うじゃないですか。それでワープロでアドレスについてレポートをA四の紙で一〇枚ぐらい書いたんです。それを中嶋プロのところに持って行きました。中嶋プロは何もコメントしないんです。じゃあ、次はグリップについて知りたいから、グリップについて書いてくれって。それが毎週、二箇月続きました」

一九五四年生まれの中嶋は、マスターズ、全英オープン、全米オープン、全米プロゴルフ選手権という四大メジャー大会全てで一〇位以内に入った唯一の日本人ゴルファーだ。世界ゴルフランキングで四位に入ったこともある。

「これは中嶋プロの試験なんだろうなとは勘づいていました。そして、中嶋プロから〝井上、俺のコーチをやってくれ〟と言われたんです。そこから中嶋プロと三年間、コーチ契約をしました」

中嶋は九五年のフジサンケイクラシック以降、日本ツアーでの優勝から遠ざかっていた。彼がもがいていた時期である。井上にとって中嶋は仰ぎ見るような存在だった。その人間が必死にゴルフに取り組んでいることに驚いた。

「とにかくゴルフに対する探究心が凄い。夜とか一緒にご飯を食べているときでも、気がついたことをメモ帳に毎日つけている。中嶋さんは日本人ゴルファーとして史上初の（年間獲得賞金）一億円を超えた方です。その方がいまだに上手くなろうとしている。圧倒されましたね」

ある日、中嶋から〝一緒にコースを回ろう〟と誘われたことがあった。

「当然のことながら、コーチをしているときに、中嶋さんこうです、なんて自分が打つなんてことはおこがましくて出来ません。中嶋さんはぼくが打っているのをそのとき初めて見たんです。そのときにバーンって打つと、中嶋さんが、〝お前、結構上手いんだな〟とおっしゃった」

ハーフラウンドの後、中嶋は井上にこう言った。

「（プレーヤー）としてやっていたら、いい選手になっていただろうな。でもシードを取れるぐらいだよ」

中嶋の言葉を聞いて井上の心の中で燻っていた、プレーヤーで行きたかったという気持ちが、すっと消えた。

「トップの選手から褒められたのはすごく嬉しかった。でも逆に、シードを取れるぐらいの選手にしかならないんだなと。だからもうプレーヤーとしてはいいやって、思いました」

そして、二七歳のとき、現在のスクールを始めている。

「自分の経験を子どもたちに伝えたいと思ったんです。子どもにはクラブの握り方など一から教えます。子どもたちを指導することによって、指導者としての厚みを得ることが出来たと考えています」

スクールを開いた直後、井上は第一期生を六人限定で募集している。多くの応募者が集まったため、オーディションを行うことになった。

「ゴルフクラブを振らせて動きを見ましたね。でも、後から考えれば、このオーディションはあまり意味がなかった。そのとき合格した一人の女の子はあまり上手くないと思っていたんです。彼女の弟の方が能力が高いと評価していた。ところが彼女は後に関東ジュニアで優勝するんです」

俺の目って大したことないなって、そのとき思いましたと井上は笑った。

「ゴルフクラブを振る能力だけで、ゴルフが上手くなる、ならないという判断をするのは無理だということに気づかされました」

その後は人数を絞ることなく、門戸を広く開くことにした。

◉「才能」は「見ればわかる」か

現在、井上のスクールでは小学一年生から受け入れている。

「九歳ぐらいまで、上手くなるのは年齢より大人びている子です。ティーチング期とコーチング期の二種類があります。大人びていくことができるので、ちゃんとコーチの言うことを聞く子、思考力のある子は、適正な練習を積んでいくことができるので、すぐにティーチング期からコーチング期に入ることができる。運動能力が高くても、練習に集中できなくて走り回ってしまうような子は、最初は伸び悩む。でも、時間が経つとみんな大人になるので、その差はだんだんなくなっていく。低年齢の段階の上手い、下手というのは全くあてにならない」

二〇一〇年から一年間、井上は早稲田大学院スポーツ科学研究科に入学し、『韓国におけるプロゴルファーの強化・育成に関する研究』という論文を発表している。

同じ東アジアに位置する日本と韓国には骨格的、体格的な差はほとんどない。そして韓国は日本と比べて、圧倒的に競技人口が少ない。それにも関わらず、韓国人ゴルファーは世界で成績を残している。その理由を調査、分析したものだ。

韓国人プロゴルファーへのアンケートの結果、〈ゴルフを始めたときから、ほぼ毎日練習している〉〈一日平均練習時間は、小学生の時から二時間以上三時間未満と三時間以上が約九〇%を占めている〉ことがわかった。韓国のプロゴルファーたちは高校生までに強制的な練習によって、プロのレベルまで引き上げられていたのだ。

同様の試みは日本にも存在した。

TKU熊本ジュニアゴルフ塾――坂田信弘の主宰する通称・坂田塾である。小学四年生で入塾、毎日五〇〇球を打ち込み、週末及び長期休暇中は毎日ラウンドする。坂田塾には二〇一六年に閉塾するまで通算八二名が在籍、男子六人女子一三人がプロテストに合格した。その中には、二〇〇七年賞金女王の上田桃子や二〇〇八年賞金女王の古閑美保が含まれている。

「この坂田塾の練習量に意味があるんじゃないかと思うようになったんです。坂田塾の練習は高校卒業までの九年間でおよそ一万時間。つまり一万時間を費やすことでプロゴルファーレベルに到達している。韓国では、学校に行かずに三、四年で一万時間に到達。ＪＰＧＡ（日本プロゴルフ協会）の名簿を調べてみると、初めてゴルフクラブを握ってからプロテストに合格するまではだいたい一〇年。これは約一万時間に相当する」

一定以上の運動能力のある子どもが一万時間程度練習すれば、プロレベルに到達するということですか、と訊ねると井上は「ええ」と頷いた。

「ただ、プロレベルに到達したからといって、プロテストに合格する、あるいはツアープロになれるという意味ではないです。性格、メンタル、知力、フィジカル、躯のコントロール力などの差が出て来る。ただ、一万時間の練習によってプロレベルという幅の中に収めることはできる。よく親から、うちの子どうですか、才能ありますかって聞かれるんです。一万時間に到達するまで、わからないとしか答えられない。その段階になって初めて、プロとしての特性や能力があるか、という判断が出来る。だから初めて五百時間ぐらいの段階で、この子に才能がある、ないというのを語っちゃいけない。語るのはおこがましい」

井上の考えは〝一万時間の法則〟に触発されたものだ。

カナダ人コラムニスト、マルコム・グラッドウェルが『Outliers:The Story of Success』(邦題『天才! 成功する人々の法則』)で唱えた法則である。

ビートルズが世に広く受け入れられる前、一九六〇年代初頭のハンブルクでの修業時代、ビル・ゲイツがソフトウエアを開発し、マイクロソフトを創業するまでのプログラミングの訓練期間などいずれも約一万時間であったという。そこから人間のあらゆる活動分野について、一万時間近い練習を積まなければ〝エキスパート〟になれない、という結論を引き出したのだ。

◉〝一万時間の法則〟の落とし穴

この「一万時間理論」をSIDに引きつけて考えてみたい。

一万時間の法則は、ベルリン芸術大学のバイオリン科の学生を対象とした、アンダース・エリクソンたちの論文が元になっている。

ベルリン芸術大学のバイオリン科は、世界レベルの演奏家を継続して輩出していることで知られている。エリクソンは音楽専修の教授陣に、トッププロになる可能性が高い「Sランク」、その下の「Aランク」に分類してもらい、ソリストのプログラムを受験したが不合格となり教員コースに入学した「Bランク」を加えて、三つのグループを作った。

本書の「はじめに」でも記したように、体系的で普遍的な知を導き出すには、条件の揃った被験者を集めて、調査を行う必要がある。ベルリン芸術学部バイオリン科を選択したことには大きな意味がある。

まずバイオリン奏法は、標準的な練習方法が確立している分野であること。そして、被験者全てが上達したいという強い意志を持っていることだ。バイオリン科の学生たちは、同質性の高い母集団だった。

三グループ共に共通していたのは、バイオリンの〈能力向上に重要と答えた活動のほとんどについて、非常に負担が大きく、あまり楽しくない〉と答えていたことだった。つまりバイオリンの練習が楽しくてたまらない、練習が苦にならないという学生はいなかった。井上の「ゴルフが嫌いだと言っている子も親が強制的にやらせていれば、上手くなる」という感触と重なる。

三グループで最も差が出たのが、音楽大学に入学するまでの平均練習時間だった。「Sランク」「Aランク」「Bランク」はそれぞれ「七四一〇時間」「五三〇一時間」「三四二〇時間」とはっきりと別れたのだ。

さらに――。

三つのグループの練習時間で最も差が大きかったのは、八歳以降、十代の時期だった。これは学問の他、友人と出かけたいという誘惑の多い年代でもある。エリクソンは、練習時間を維持するのが特に困難なこの時期に、厳しい練習スケジュールを維持、あるいはさらに強化した人間たちが、「Sランク」に入る傾向が高いと指摘している。

これは脳の「若木矯正効果」とも関係がある。若い樹木の伸びる方向を変えると、そこから伸びて行く枝の形は大きく変わる。一方、成木に力を加えても、変化は少ない。練習が脳に及ぼす影響は、年齢によって差異がある。若い脳、子どもや青年の脳の方が成人の脳よりも適応性が高く、練習の効果が大きくなるとされている。

ベルリン・フィルオーケストラと、ラジオ・シンフォニー・オーケストラに所属するバイオリニストにも聞き取り調査をしたところ、彼らも一八歳になるまで平均七三三六時間、すなわち「Sクラス」と同程度の練習時間を経てきたことがわかった。つまり、ある一定時間の積み重ねによりバイオリニストとしての適性を手にしている。スポーツにおけるSIDに近い。

エリクソンの出した結論はこうだ。

〈第一に、傑出したバイオリニストになるには数千時間の練習が必要であるということ。近道をした者、比較的わずかな練習でエキスパートレベルに達した「天才」は一人もいなかった。そして第二に、才能ある音楽家の間でさえも（調査対象は全員、ドイツ最高の音楽大学に合格している）、平均してみると練習時間が多い者のほうが少ない者より大きな成功を収めていたことだ〉（『超一流になるのは才能か　努力か？』アンダース・エリクソン、ロバー

ト・プール）

ただし、エリクソンは自らの研究結果から派生した〝一万時間の法則〟については、単純化しすぎていると批判している。

バイオリン科の学生から結果を導き出すのであれば、なぜ一八歳までの練習時間――約七四〇〇時間を採用しなかったのか。二十歳までにバイオリン科の学生で一万時間の練習時間に到達したのは「Sクラス」の半分だったという。そして彼らは、この時点で世界のトップクラスの演奏者ではない。

エリクソンによると、国際的なピアノコンクールで優勝するピアニストは三十歳前後であることが多い。彼らはそこまでに二万から二万五千時間の練習を積んでいると推測される。また、ビートルズについても、グラッドウェルはハンブルク時代に八時間のステージを一二〇〇回こなしていることから一万時間と計算している。しかし、ライブハウスでの演奏時間と、系統だった練習は違う。そもそもビートルズが成功したのは、演奏技術の向上ではなく、良質な楽曲を量産できるようになったからではないか。

きりのいい〝一万時間〟という数字は人の目を惹きつけやすいが、あまりに雑である、と。

さらにエリクソンは、一万時間の法則では、〈一般的な練習〉と強度の高い〈限界的練習〉が区別されていないとも指摘している。

限界的練習とは、学習者がコンフォートゾーン（居心地の良い領域）から飛び出して、全神経を集中し、意識的に活動に取り組むことと定義している。教師やコーチの指示に従うだけではなく、学習者自身が練習の具体的目標に集中する必要がある。

そして、フィードバック——つまり練習結果を参考にして、問題点を修正、解決することが不可欠だ。トレーニングの初期にはコーチがフィードバックを行う。練習時間と経験が積み重なると、学習者自身が自分が上手く出来ているかどうかという〃心的イメージ〃を意識してフィードバックを行えるようになるという。心的イメージについては後述する。

簡単に言えば、漠然とした練習は効果が極めて薄いということだ。これはスポーツでも同じだ。

◉「限界的練習」の申し子——那須川天心

成長曲線の途中にいる若年期の人間に限界的練習を積み重ねることで天才は作ることができる——。

エリクソンの研究に当てはまるアスリートがいる。格闘家の那須川天心である。

那須川は九八年八月、千葉県松戸市で生まれた、五歳のとき父親に連れられて空手道場に通い始めている。小学五年生で極真空手ジュニア世界大会で優勝、キックボクシングに転向した。

二〇一四年七月、高校一年生でプロキックボクサーとしてデビュー、翌一五年に史上最年少でRISEバンタム級王座となった。まだ一六歳だった。現在まで勝利を重ね、キックボクシングでは国内外で敵がいない状態だ。キックボクシング以上の世界的マーケットがあるボクシングへの転向も噂される、日本格闘技界が生んだ若き俊英である。

物心ついた頃から運動能力はずば抜けていたのですか、と彼に訊ねると「そうでもないです」と首を傾げた。

「足は速かったですし、元気な子どもでした。でもずば抜けていたかどうかはわからないです」

空手を始めたとき、嫌で嫌でしょうがなく何度も道場を逃げ出して師範から連れ戻されたのだと笑った。

「トレーナーの人とかと話をするんですけれど、ぼくの運動能力って、並よりちょっと上ぐらいだよねって。足は速い方でしたけれど、サッカー部（の選手）とかやっぱり速いじゃないですか。そういう子には勝てなかった」

普段の那須川は、穏やかで気さくな好青年である。ぼくは喧嘩をしたことがないんです、ヤンキーがいたら正直、目を合わせたくないと冗談まじりに言った。自らの強さをひけらかすところは一切ない。謙遜が混じっているにせよ、幾らかの事実は含んでいる。

那須川の父親、弘幸はこう振り返る。

「近所の友だちが集まってサッカーチームを作ったんです。見に行ってみたら、キーパーをやっているんです。それでもあいつは嬉しいみたいで、〝俺、上手いんだよ〟って。ぼくからすれば、キーパーなんかやらされてんじゃないよって」

弘幸は那須川とは違い、激しい気性を隠さない男だ。

かつて彼が熱中したのはサッカーだった。小学生のとき、読売クラブのテストを受けている。六〇人ほどの子どもの中で合格したのは二人だけだったという。一人が弘幸である。ポジションは攻撃的ミッドフィールダーである。足立区に住んでいた弘幸の自宅から、東京都の西の果て、よみうりランド内にある読売クラブの練習場までは二時間以上。母子家庭で家計が厳しかったこともあり、泣く泣く読売クラブを諦め、地元の少年団に入った。その後、サッカー推薦で入った高校は、サッカー部の人間関係に嫌気が差して中退。内装業で働きながらサッカーに対する思いを持ち続けていたが、練習試合で大怪我を負い、諦めることにした。

長男である那須川にはサッカーをやらせようと漠然と考えていた。ところが、キーパーをやっているのを見て、向いていないと判断したのだ。

「子どもの頃のキーパーって、躯が大きくて、大人しい子がやらされるポジションじゃないですか。あのときにフォワードだったら、そのままサッカーをやらせたかもしれません」

一方、空手の道場では早くから目立っていた。弘幸によると、「最初から強くて、他の子とは違っていた」という。

「幼稚園のときですかね、初めての大会に出た空手の大会でボロ負けしたんです。それでぼくの心に火がついた」

その後の行動が面白い。弘幸は自ら道場に入門、空手を習い始めた。そして自宅で那須川に稽古を付けるようになった。那須川が小学校に入ると、自分が不在中の練習メニューを渡した。

「ナンバーワンになるんだから、やらなきゃいけないことがあるだろって。学校から帰っても遊ぶ暇なんてないんですよ」

あるとき、たまには友だちと遊びに行ってこいと言ったことがある。しかし、彼には遊び仲間がいなかった。学校からすぐに帰宅し、空手の稽古をしているため、次第にみんなが遠巻きに見るようになっていたのだ。那須川が友だちの家に電話をかけて「今日、遊んでくれる」と頼んでいるのを聞いて、弘幸は自分はひどいことをしているのだろうかと胸が痛んだこともある。

「将来、格闘家にさせようとか考えたことはないです。とにかく目の前の大会で勝つこと。それだけ考えてました」

那須川が成長するにつれて練習は激しくなった。自宅の一室にマットを敷き、練習部屋とした。ベルリン芸術大学バイオリン学科の「Sクラス」の学生たちが、八歳以降に他の時間を犠牲にして、練習時間を確保したのと同じである。

弘幸による個人練習は、まさに限界的練習だった。

「親子だから、練習していて気が抜けているかどうかっていうのはすぐにわかるんです。そんなときは殴る。だから本当に厳しかったと思いますよ。他の子どもにはできない。親子だから出来た練習でしょうね」

天心はそのときの経験があるので、いまだにぼくのことが怖いんですよ、と弘幸は笑った。

那須川は中学校を卒業すると、普通科高校ではない「三部制」の高校を選んでいる。練習を優先するためだった。

◉〝心的イメージ〟という引き出し

ぼくが那須川に興味を持ったのは、二〇一六年一二月二十九日、彼がRIZINのリングに総合格闘技ルールで上がったときだった。

那須川は空手、そしてキックボクシングの名手である。総合格闘技ルールではそこに寝技が加わる。第五章で触れたように、寝技は時間と根気さえあれば習得できる。逆に言えば、短期間で技を覚えるのは困難である。「天才」「神童」と称されていた彼であっても、どこまで総合格闘技ルールに対応できるのだろうと思ったのだ。

対戦相手はウクライナのニキータ・サプンという選手だった。サプンはテコンドーをベースにしており、総合格闘技のアマチュア大会にも出場していた。サプンは下から那須川の腕を摑み、腕十字固めを仕掛けた。腕十字固めとは、腕を伸ばして関節を通常と反対側に曲げる関節技である。単純かつ、最も効果的な技だ。右腕は伸びきったように見えたが、那須川は躯を動かして腕を抜いた。その後、パンチでノックアウト。一ラウンド二分四七秒だった。

試合後、那須川は二日後の一二月三一日のＲＩＺＩＮにも出場を直訴。急遽、アメリカ人のカウイカ・オリージョと試合が組まれることになった。那須川はパンチと蹴りでオリージョを倒し、前掛かりになったオリージョの首に左腕を巻き付けて、絞めあげた。二ラウンド〇分三七秒、見事な一本勝ちだった。

試合後、二九日の試合の腕十字固めにより那須川の右腕は靱帯損傷していたことが明らかになった。那須川は右腕をほぼ使えない状態でリングに上っていたのだ。そして彼が総合格闘技の練習をしたのは試合前の二週間のみだったという。

オリージョの仕留め方は、総合格闘家のそれだった、よく短期間で絞め技を習得しましたね、と那須川に言うと「そうですか」と明るい声が返ってきた。

「まあだいたい、格闘技って似ているじゃないですか。組み合わせというか」

第五章で取り上げた佐山サトルが、サンボの技を一瞬にして再現したのと同じ、である。また、第三章の優れた打者に対する脳科学者の林成之の分析――ボールの記憶を多数持っており、投げられた瞬間に過去の軌道を分析してバットを振っている――とも重なる。

前出のエリクソンはこれらを〝心的イメージ〟と名付けている。

エリクソンの恩師、ハーバート・サイモンはチェスのグランドマスターを研究していた。グランドマスターとは国際チェス連盟が認定する最高位のタイトルである。

グランドマスターは超人の域に入る人間たちである。

一九二四年、ロシア人のグランドマスター、アレクサンドル・アレヒンは目隠しをしながら、アメリカ全土から選りすぐれたチェスプレーヤー二六人と同時に対戦したという記録が残っている。挑戦者が手を打つ度に、伝達係は盤の番号と駒の動きを声でアレヒンに伝えた。一二時間にも及ぶ対戦は、アレヒンの一六勝五敗五引分けだった。

アレヒンに限らず、チェスのグランドマスターたちは、試合途中のチェス盤をほんの数秒見せると、ほとんどの駒の位置を正確に記憶し、最も重要なエリアについてはほぼ完璧に再現した。これは人間の短期記憶の限界を超えている。グランドマスターたちがどのようにして駒の位置を高い精度で記憶しているのかを、サイモンは研究したのだ。

少々長くなるが、エリクソンの著書を再び引用する。


〈サイモンの推測では、チェスプレーヤーはマスターの域に達するまでに、こうした塊を五万個ほど蓄積している。チェスマスターがチェス盤の配置を見ると、そうした塊がいくつも目に入り、また塊が他のパターンの一部を構成する別の塊と相互に作用していることにも気づく。こうした塊には階層構造があり、塊が集まって高次元のパターンが形成されることが研究によって明らかになっている〉

グランドマスターたちはこうした塊の記憶――心的イメージを使って、チェス盤上の駒の位置を頭の中で処理、理解しているとサイモンは結論づけている。

那須川も限界的練習を積み重ねることで、膨大な格闘技に対する心的イメージを獲得していたはずだ。リングの上で彼は瞬時にその引き出しを開けていたのだ。

〈心的イメージについての二つ目の特筆すべき特徴は、チェスマスターは最初は全体的なパターンとしてそれぞれのポジションを分析するものの（弱い相手と対戦しているときはそれで十分だ）、それに加えて心的イメージを用いることで個別の駒に照準を合わせ、頭の中でそれを盤上で動かしながらあらゆる手が形勢をどう変化させるかを検討することができることだ。そうすることで短期間のうちにさまざまな手とそれに対する相手の反応を詳細に検討し、勝利の可能性を最も高めるような手を探し当てることができる〉（『超一流になるのは才能か　努力か？』）

「チェスマスター」を「那須川天心」に、「個別の駒」を「手足」に、「盤上」を「リング上」に置き換えればいい。

那須川によると、最も重要でなおかつ効果的な練習は、〝シャドウ〟だという。対戦相手の試合映像を頭に入れて、動きを想定する。相手の攻撃をかわし、自分のパンチ、蹴りを当てる。頭の中で対戦をシミュレーションするのだ。

「ぼくはビビりなんですよ。試合前、相手が怖くて仕方がない。相手は強い、強いと考えて練習し続ける。どうしたら勝てるだろうかって練習していると、だんだん相手の弱点が見えてくる。そうしたら試合のときは、怖くなくなっているんです」

心的イメージの効果的な利用である。

読書といえば漫画という那須川は、エリクソンの研究を全く知らない。ただ、出した結論はほぼ同じである。

エリクソンは限界的練習は〈非常に特殊な練習方法〉であり、〈きわめて専門性の高い技能の向上を促すような練習方法を指示してくれる教師やコーチが必要〉であるとしている。そして〈教師やコーチ〉には〈技能の最適な教授法について高度に体系化された知識も必要〉と書く。

当時、那須川の父、弘幸には系統だった格闘技の知見はなかった。ただ、ボクシングを除く、格闘技の歴史は浅く、いまだ試行錯誤の中にいるともいえる。そのため、実子という濃密な関係の中、手探りで限界的練習に辿り着いたと考えられる。

◉〝良きアマチュア〟という選択

エリクソンは、限界的練習の可能な分野は限られていると指摘している（ただし、当該分野以外でも、効果的な練習方法を考えるうえで限界的練習の原則を用いることは可能である、とも）。躯の大きさ、肩の強さをはじめとした持って生まれた身体的能力が大きく影響する野球の投手などには当てはまらないだろう。金田正一や伊良部秀輝を〝作る〟ことは不可能だ。

サッカーではボールを止める、正確に蹴るという基本技術の習得には一定時間が必要だ。空間把握能力についてもある程度は鍛えられる。ただし、俊敏性、跳躍力など補えない部分が多いように思える。限界的練習は〝突き詰める〟という意味で個人スポーツと親和性が高いと考えられる。

話を井上透とゴルフに戻そう——。

井上は、親はもう一人のコーチなのだと考えている。

「（練習やラウンドの）行き帰りの車の中で、親と今日はどんなプレーだったのか、どんなミスをしたのかという話をするじゃないですか。それを適切に振り返ることで同じようなミスが減る」

親との会話の中で、フィードバックを行っていることになる。親にゴルフの知識があり、正確なフィードバックが行われていれば限界的練習に近づく。

「日本では、車がないとゴルフはできない。親と一緒に行動するしかないんです。子どもは親のスイングに似る。だからゴルフの下手な親だと子どももゴルフが下手だという傾向がある」

元々野球のキャッチャーのSIDを持つ井上は、ゴルフという競技の特質を様々な角度から分析し続けてきた。他のスポーツとゴルフが一線を画す特徴があるという。

「ゴルフが、同じ個人スポーツで道具を使う、テニスや卓球などと違うのは、対戦型ではないことです。テニスの錦織圭選手たちがIMGアカデミーに行くのは理由がある。強い相手と対戦することでしか摑めない経験があるからです。ゴルフはマッチプレーを除けば、そうではない」

『IMGアカデミー』とは、アメリカのスポーツマネージメント企業「IMG」が設立した、エリート育成施設である。世界中からテニス、野球、バスケットボール、そしてゴルフの有望選手を集めている。特にテニスでは錦織の他、アンドレ・アガシなど著名選手を輩出してきた。

「ゴルフはゴルフコースとの勝負なんです。コースに勝てばいいのだから、試合に出る必要はない。ジュニアの時代の大会なんていうのは、早く沢山練習したかどうか、の競争。練習していないプレーヤーは当然のことながら負けてしまう。ゴルフにおいて、負の体験、失敗体験は必要ない。世界のトップクラスの選手はOBを打ったり、ボールが曲がった経験が少ない。だから緊迫した中でも、ボールが曲がるんじゃないか、と恐れることがなく自信を持って打つことができる。十分な練習を積んでいない段階での負ける経験はマイナスでしかない。ひたすら自分の技量を磨いて、スコアを縮めれば、突然大会に出て、日本一、世界一になれるのがゴルフなんです。野球で親が密かに練習をさせていて、いきなり高校三年生で登板してドラフト候補になるようなことは絶対にありえない。それがありうるのがゴルフ」

スポーツは子どもへの投資でもある。親は子どもに夢を見て大金を費やす。その投資を回収することが出来るか。この点においてゴルフはきわめて不透明だ。金銭、時間を費やすうえに、他のスポーツ、集団スポーツのＳＩＤを身につける可能性も失う。

金銭的な出費という面を含めて、子どもにゴルフをやらせるかどうかという判断は非常に難しい。

それについて井上はこう答える。

「親の役割は、子どもの前に様々な選択肢を並べることではないでしょうか。様々な習い事をさせて、その中で自分に向いているものを探させる。集団スポーツと個人スポーツ、道具を使った競技と使わない競技、様々なスポーツをやらせて、その中で自分が光るところを選ばせる」

井上のスクールでは入所の際、ここはプロゴルファーを養成する場所ではないと親に釘を刺すという

「ゴルフに専念して勉強をしないという状態は異常です。ゴルファーである以前に社会人でならなければならない。ゴルフだけやっていると、潰しが効かない。すごく幅が狭い人生になってしまう。ぼくが東大ゴルフ部の監督として発信したいことの一つは、勉強とゴルフは両立で

きるということ。良きアマチュアゴルファーを作ることなんです」

井上には三人の息子がいる。長男の達希は、高校時代に日本ジュニア選手権三年連続出場、国体少年の部で個人二六位という成績を残している。そして、二〇一八年四月に東京大学理科二類へ入学、井上が監督を務めるゴルフ部に入った。

「長男は高校までに（ゴルフに）一万時間なんて全然行っていません。三人とものらりくらりやらせてます。早く沢山練習すれば上手くなるというのはわかっているんです。我が家としては急ぐ必要はない。長男は東大の受験前、一年間ゴルフを全く練習しなかった。一年間クラブを握らないことに対して罪悪感もなかったはずです。ただ、嬉しいのは三人ともゴルフが大好きなんです。マスターズが始まると一生懸命早起きして観ている」

良きアマチュアのジュニアゴルファーなんですと井上は眼を細めた。これもスポーツとの一つの向き合い方である。

第八章

個人も集団も――水泳

◉「東大生のやっていた習い事」第一位

雑誌『プレジデントファミリー』の二〇一七年増刊『塾・習い事選び大百科』に、東京大学の学生、一七四人に〈子どものときにやっていた習い事〉というアンケートが掲載されている。第一位は水泳。約六〇パーセントがスイミングスクールに通っていたという。

二〇一四年の小学校の〈習い事ランキング〉でも水泳は一位である。その割合は三一パーセント。東大生は約二倍である。この数字から水泳は東大入学に近づく習い事かもしれないと仄めかしている。

水泳と学業の関係性には、様々な説がある。

曰く——。

水の中では指導者の言うことを聞かなければ溺れてしまう。そのため、話をよく聞く習慣がつく。

同年代の人間と競うことで、自分の弱点を発見。弱点を克服するための目標設定が出来るようになる。

水の浮力を使って躯を動かしているうちに脳の空間認知能力が鍛えられ、算数の図形問題が得意になる。

水の感触、浮力が脳内に神経伝達物質のドーパミン、βエンドルフィン、セロトニンなどの分泌を促す。この癒し効果が学業に好影響をもたらす——などなど。

どれもはっきりとした科学的な裏付けはない。

このアンケートによると東大生の習い事の第二位は〈楽器〉である。すなわち、東大生の多くは、水泳、あるいは楽器を習わせることが出来る金銭的余裕のある家庭で育てられたといえる。水泳と相関関係はあるが、因果関係はないとすべきだろう。

学業への影響を端においても、水泳は子どもの習い事として人気が高い。泳ぎを覚えることは損にはならない。格闘技のように怪我をする可能性が低い、使用する道具が少ない、などの理由があるだろう。

水泳の特徴は、団体メドレーもあるが、基本的には個人スポーツであること。そして、テニスや卓球のような対戦型ではなく、陸上競技と同じタイムという絶対的な尺度で競う。陸上競技と違うのは、他の選手たちの姿をはっきりと目で捉えていないことだ。

東洋大学水泳部監督の平井伯昌は、水泳選手たちは違うレーンにいる選手たちの「気配を感じ」ながら泳いでいるのだという。レースの間、彼ら、彼女たちは水で遮断された一人の世界にいる。水中に入れば誰の助けも借りることはできない。〝個〟の強さが求められる競技だ。

「何が敵かというと、自分です。一緒に泳ぐ選手に乱されてはならない。相手がどうあろうと自分がいいタイムを出せば勝つことが出来る。しかし、そんなに簡単にはいかないものです。練習と同じように思い通りに泳ぐことは難しい」

二〇〇四年のアテネオリンピックを例に挙げた。開会式の日、日本代表のコーチとして帯同していた平井は、自分が担当する三人の選手を集めてミーティングを行っている。その中の一人が北島康介だった。

「康介に予選から思いきり行けと言ったんです。そうしたら康介は、〝オリンピックっていうのは決勝が勝負じゃないんですか〟って聞いてきた」

平井の頭にあったのは、アメリカ人のブレンダン・ハンセンをどう破るか、だった。直前に行われたアメリカ代表選考会で、ハンセンは、北島の保持していた一〇〇メートル平泳ぎ、二〇〇メートル平泳ぎの世界記録を更新していた。

「あのとき、康介の調子は八割ぐらいだったんです。相手を崩さないと勝てない。予選、準決勝、決勝の三つで勝負するしかない。康介はわかりました、と」

一〇〇メートル平泳ぎの予選で、北島は一分〇秒〇三を出している。これはオリンピック新記録だった。

「準決勝はブレンダン・ハンセンの方が康介よりもタイムが少し良かった。ただ、オリンピック選考会で世界新記録を出したときと比較すると、前半でワンストローク多いんです。ちょっと力んでいた。予選で記録を出した康介のことを相当意識している。綻びが出始めている、と思ったんです」

ハンセンは揺さぶりに弱いと気がついたのは、前年の二〇〇三年にバルセロナで行われた世界水泳選手権だった。

前回福岡大会でハンセンは二〇〇メートル平泳ぎで優勝。北島は一〇〇メートルで世界記録を出していた。バルセロナでもこの二人の一騎打ちが予想されていた。レースで二人は一五〇メートルまで並び、北島が優勝、ハンセンは三位に終わった。

「北島は電光掲示板で世界新記録を出したことを知って喜んだ。ハンセンは負けたとわかって電光掲示板を振り向きもしなかった。少し時間が経って（北島を祝福しようと）握手を求めたんですけれど、北島は気がつかなかった。それでまた落ち込んだ表情になった。そのビデオを何回も見て、彼はかなりナーバス、真面目な人間だなと思った。北島の存在を意識させれば崩れるんじゃないかと」

アテネオリンピックの決勝レース前、平井は北島とハンセンのビデオを何度も見返した。二人はまちがいなく接戦になる。ちょっとした差が勝敗を分かつだろう。タッチの際、慌ててひとかき多くならないよう躯を伸ばす。体力がなくなってもタッチミスをしないような作戦をとった。

「康介の才能は、ストロークを少しだけ遅くしろという指示に応えられること。それによって〇・一、二秒のタイムを落とすことが出来る。トップであっても、少し抑えろっていうと一秒ぐらい落ちてしまう選手もいます。康介はミリ単位でストロークをコントロールできるんです」

決勝レースは平井の読み通りの展開となった。そして最後で北島がハンセンを差しきり、金メダルを獲得した。

「勢いや運では勝てないんです。根拠のない自信は簡単に崩れる」

水泳とは少しずつ煉瓦を積み上げて行くようなものだと平井は表現する。それが出来る選手でなければ、継続して勝つことはできない。水泳選手のSIDである――。

◉泳げない人から選手まで――平井伯昌

平井は一九六三年に東京で生まれた。水泳を始めたのは小学校一年生のときだった。子どもの頃からよく食べる子どもで、赤ちゃんコンクールに出場したこともあった。健康診断の際、肥満児になる恐れがあると、医師からスポーツを勧められた。そこで文京区駒込の『東京スイミングセンター』に通うことになった。

当時はスイミングセンターやスクールが一般的ではなかった。週に二、三度、自宅に近い千住車庫のバス停から駒込行きのバスに乗った。小学四年生のとき、中学受験の塾が忙しくなり、東京スイミングセンターは退会している。

その後も夏休みに小学校で開かれる水泳教室に参加し大会にも出場したが、目立った記録はない。本格的に水泳に戻ったのは、中高一貫の早稲田中学校に合格し、水泳部に入ってからだ。とはいえ進学校の水泳部であったため、専任のコーチは不在、先輩たちがコーチを務めていた。

小学生から水泳をやっていた平井はその中では飛び抜けた存在だった。しかし、それ以上の上積みはなかった。

早稲田高校は高校二年生夏で水泳部の活動は終わりとなる。そこで平井は自宅の近くに出来た『セントラルスポーツ』に通うことにした。新しいクラブのため、ほとんどの選手は小学生と中学生だった。彼らより速く泳ぐことはできたが、持久力のトレーニングではついていくのが精一杯だった。小さい頃からスイミングクラブに通い、きちんとした練習メニューに従って泳ぎ続けてきた選手には敵わないと思った。

高校卒業後、系列の早稲田大学に進み、水泳部に入った。二年生のとき、コーチに就任した角間三雄からマネージャー転向を打診されている。角間はロサンゼルスオリンピックに向けて、有望な選手を勧誘していた。彼らを鍛え上げるためにマネージャーが必要となったのだ。平井は渋々マネージャーを引き受けることにした。

マネージャーの面白さに気がついたのはそれからしばらくしてからだ。選手たちの泳ぎのちょっとした変化から、彼らの精神的な成長などを読み取れるようになったのだ。選手とは一線を置いた立場にいることで、それぞれの素質に差があることにも気がついた。

三年生のとき、平井が面倒を見ていた一年生の奥野景介がロサンゼルスオリンピック出場を決めた。これまでオリンピックは遠い世界だった。選手を導くという形ならば自分も関わることが出来る。その手応えが平井の人生を変えることになった。

卒業が近づき、平井は大手企業の内定を受け取った。しかし、水泳の道を諦めきれなかった。悩み抜いた末、内定を蹴って、東京スイミングセンターに入社。プロのコーチとしての道を歩むことにした。

「（東京スイミングセンターに）入社したとき、一〇年間ぐらいは出番はないだろうなって言われたんですよ。ぼくの上に（競泳選手を育成する）コーチがいましたから。最初の三年間ぐらいは、四、五歳の子ども、成人のクラスを担当していました」

実際には一〇年かからず、平井は選手育成に関わることになる。ただ、選手育成ではない分野から始めたことは、幸運だったと振り返る。全く泳げない子どもたち、初心者の成人たちには彼らの目線に降りることが必要だった。全ての年代、泳げない人間から選手まで見たことが指導者としての糧になった。

「（〇歳児からの）ベビースイミングも手伝ったことがあるんですけれど、子どもの身長からするとかなり高いところから平気で飛び込む。それで水を飲まないんです。お腹の中の記憶がまだ残っているのかもしれません。小さいほど、水に馴染むのが早い」

四、五歳の段階で、ある程度の才能のある、なしは見抜くことが出来るという。

「上半身よりも下半身の動きですね。平泳ぎのキックは後から上手くなる子もいますけれど、特にクロールのような単純な動き。単純な動きなのに、上手いなっていう子がいるんです。この子は四種目泳げるようになれるのか、全国大会に行けるのか、なんて感じでコーチ同士で予想したことがあります。見るのはタイムではなくて、足首の動き方、躯の進み方、水のとらえ方、です。厳密に選抜しているのではなく、あくまでもコーチの目を鍛える一つの訓練でした。だいたい当たりますね」

いい水泳選手は〈水を摑む〉、あるいは〈水を捉える〉能力が高いとされている。無駄に力を入れることなく、水中で躯が滑らかに前へ進むことを意味する。

「水泳って道具を使わない、単純な運動です。ただ、日常生活で水中で躯を動かすことはない。そこが陸上競技とは違う。小さい頃からやれば、水の中で躯をコントロールする感覚は摑みやすい。小学生ぐらいから、水を摑んでぴたっと泳ぐ子どもがいるんです。目を瞑って泳ぐと、怖いから様々な情報を躯で感じますよね。それに近い感じかもしれません。水を捉えるのが上手い子どもは、意識しなくても躯全体、四肢からの情報を感じ取ることができる。無駄な力を使わないんです」

水を摑む子どもは、早くから記録が出やすい。しかし、そのまま伸びて行くかどうかはわからない。

「成長するにつれて記録を伸ばすためには筋肉を付けなきゃいけない、テクニックも磨かなければならない。トップ選手になるには、躯を大きくする、持久力を高めるなどのトレーニングが必要なんです。しかし、ウエイトトレーニングをやることで、水を摑む感覚が失われるのではないかと不安になる選手がいる。それでは、トップの領域に届かないんです」

だからこそ、水泳の才能、そして将来性を見抜くのは難しいと平井は考えている。

◉伸びるはずがなかった選手——北島康介

ある日、平井は教え子である、中村礼子、寺川綾、上田春佳の四人で食事したことがあった。中村はアテネと北京オリンピックで銅メダル、寺川と上田はロンドンオリンピックで銅メダルを獲得した、トップスイマーである。その場で水泳選手の才能は遺伝するのかという話題になった。たまたま三人とも子どもを持つ母になっていた。

「三人とも親はそんなに泳げない。中村は自分の娘は駄目だって。（夫の細川大輔も）両方水泳選手の、寺川のところは有望だろうって聞いたら、うちも駄目だという答えでした。上田春佳は夫（の金田和也）もオリンピック出場している。でも、うちの子もそんなに才能があると思わないって。考えてみたら、北島（康介）の両親もそんなに泳げない。弟も教えていましたが、お兄ちゃんとは全然違っていた」

そもそも北島は〝素材〟として高い評価を受けていなかったのだと、平井は振り返る。

平井が北島と出会った頃、選手評価の基準となっていたのは八八年のソウルオリンピックで日本人の競泳選手として一六年ぶりの金メダリストとなった鈴木大地だった。

「一九六四年の東京オリンピックで水泳競技が振るわなくて、スイミングクラブが出来た。鈴木大地はその申し子のような存在でした。彼はとにかく躯、関節がぐにゃぐにゃに柔らかい。水泳選手は彼のようでなくてはならない。北島は躯、関節が滅茶苦茶硬かった。こういう選手は伸びるはずがないと考えられていたんです」

平井は自著でこう書いている。

〈私が康介をコーチしはじめた頃は、ガリガリに痩せて体も硬かったし、泳ぎのセンスも飛び抜けていたわけではなかった。どちらかというと、泳ぎに向かない体だった。ところが、一対一のときはもちろん、練習中に私が他の選手を指導しているときでも、ジーッと私の目を見つめて全身を耳にして聞いているのがわかった。

「康介はものすごく吸収力がいいやつだな」

そう思った〉(『見抜く力─夢を叶えるコーチング』)

平井が北島に目を付ける伏線があった。九六年三月のアトランタオリンピックの選考会である。

東京スイミングセンターにオリンピック出場の可能性のある選手がいた。ところが、一月、二月ごろから突然、調子を崩したのだ。

「当時は選手のピークが一〇代とされていた。一〇代というのはまだ精神的に出来上がっていない。ライバルがいい成績を出したりすると、ガタガタと崩れてしまう。オリンピックに出られるか、というぎりぎりになるといろんなプレッシャーがある。親、親戚、あるいは学校、スイミングクラブが子どもに期待する。最後は周囲に惑わされない、芯の強い子じゃないと持たないということに気がついたんです」

結局、この選手は調子を取り戻すことができなかった。

四年後を見据えて、芯の強い子どもを探さなければならないと考えたとき、頭に浮かんだのが、中学二年生だった北島の眼差しだった。

「康介の近い年代に凄く評価の高い子どもがいたんです。ただ、練習を休みがちだった。才能はあるんですけれど、気が弱い。アトランタオリンピックの予選会で感じたことを、東京スイミングセンターの中に当てはめてみると康介しかいない」

北島の両親が水泳に関して過度に熱心でないことも都合が良かった。大会が近づいてもひどく浮き足立つことはないだろうと思ったのだ。

北島に平井は「康介、お前、オリンピックに行きたいか」と話しかけている。すると北島は「そりゃ行きたいですよ」と即答した。

「じゃあ、一緒に目指そうじゃないか」

平井は北島に二つの提案をしている。練習に集中するため塾通いを辞めること、東京スイミングセンターから近い高校に進学すること、である。さらに週一回、トレーニングジムで平井と共にウエイトトレーニングを始めた。

平井はコーチとして大切なのは、選手の「感性」を磨くことだと自著で書いている。

〈私は、日頃練習のときに、

「今日はこのテクニックを直そうと思うんだけれど、今泳いでどんな感じだった？」

などと尋ねるようにしている。

選手はつねに考えながら泳いでいるわけではないが、水をつかめたか、つかめなかったかは感じている。そこを意識して泳げるかどうかで、練習の意味合いが変わってくるのだ。

最初のうちは「よくわかりません」「あまり感じませんでした」などという答えが返ってくるだけだが、なんども質問を繰り返しているうちに、

「今日はすごくお腹に力が入って、水がちゃんとかけてます」

といった返事が返ってくるようになる。

こうなると、コーチから言われたとおりに半ば強制的にやらされていた練習が、きちんと意味づけられ、何倍もの密度の濃さになってくる〉（前掲書）

これは、前章のエリクソンが定義する〈心的イメージを意識したフィードバック〉と重なる。

平井が気を遣ったのは、北島を守りながら育てることだった。中学三年生のとき、北島は、

二五メートルプールで行われる短水路の中学記録を出せるような練習をしていた。すると上司のコーチが中学記録が出るかもしれないと騒ぎ出したという。

「まずいなと思いました。それで試合前、練習を厳しくしました。上手く泳げているのに、やり直しをさせていつもよりも躯に負担をかけたんです。康介には何も話していません。心の中でごめんな、って言っていました。彼は〝なんでこのコーチ、練習きついのかな〟と首を傾げていたかもしれない。康介はストレートでオリンピックを目指さないといけない時期でした。中学記録程度で周囲が浮かれてしまっては困ると考えていたんです」

平井の目論見通り、北島が記録を出すことはなかった。

育成方法にも工夫をしている。北島にはレースの後半失速する傾向があった。平井は敢えてそこには目を瞑《つぶ》り、得意な部分を伸ばすことにした。

「一〇〇メートル、一分五秒前後で泳いでいたときに、こう聞いたんです。〝康介、一分切るにはどうしたらいいか〟って。すると彼は〝先生、前半二七秒で入らないと一分切れないです〟と答えた。そうか、じゃあお前は前半が得意だから、まずは来年に前半二九秒を目指そうと。これは当時の日本記録レベルのタイムです」

前半二九秒台を出すことは出来るが、後半どうなるかわかりませんと北島は言った。それでいい、前半いい泳ぎができれば後半も速く泳げるよと平井は返した。

「普通ならば一〇〇メートルで一分三秒、一分二秒に縮めようという指導をする。康介にはそうしなかった。そうしたら、本当に日本選手権で（前半）二九秒で入った」

そして平井は水泳選手は躯が大きくて、柔軟でなければならないという基準を疑うようになった。北島の身長は一七七センチと水泳選手としては小柄だ。水を掻く足、手も小さい。

「北島みたいな躯の硬い奴が速くなるわけないと言われて、悔しく思っていた時期があったんです。でも、足首（の関節）が硬いというのは、強いキックが打てるということなんです。逆に躯が柔らかい選手は関節を痛めやすい。（しなやかな動きが出来て）水を捉えるのが上手くても、ウエイトトレーニングで筋肉がつきにくいと、スピードが出ない」

水泳向きではないとされていた北島は、二〇〇四年のアテネ、そして二〇〇八年の北京オリンピックの一〇〇メートルと二〇〇メートル平泳ぎで金メダルを獲得した。平井の見立てが正しかったことになる。

◉マンツーマン指導は避ける

平井と北島の関係は、マラソンの中村清と瀬古利彦のように濃密ですねとぼくが感想を漏らした。すると中村さんと瀬古さんの関係をぼくは詳しく知りませんが、と前置きして、ぼくはマンツーマンの関係を避けてきました、と言った。

「東京スイミングセンターはグループでやるのが基本。マンツーマンはほとんどない。絶対に避けます。マンツーマンの指導は選手にとってもコーチにとっても互いに良くない」

早くから将来を嘱望された水泳選手は、子どもの頃から大切に育てられてきている。コーチには自分だけを見て欲しいという独占欲が強い選手もいるという。平井はそうした選手をあえて突き放す。

平井は前出の『見抜く力』で水泳選手の適性――SIDについてこう書いている。

〈水泳という競技は、チームスポーツではないが、一緒にトレーニングしている仲間をはじめ、コーチやトレーナーがどんな人間なのか、お互いに認めあったり協力する関係が大切である。そこでいい関係を保っていける選手のほうが、強くなれるし伸びる芽があるのだ〉

水泳選手は、地道に努力を積み上げ、プレッシャーに耐えなければならない。まさに個人スポーツのSIDである。平井はそれだけでは十分ではないと考えているのだ。

「一回だけ結果を出すだけだったら、どんな性格だっていいんですよ。でも、長く勝つには集団でやっていくことも覚えなければならない。メダリストというのはそのチームの中のトップのようなもの。そのトップが他のメンバーのことを認められない、あるいはチームの中でストレスを抱えているようではお手本にならない。あいつは記録は出すけれど、性格悪いよっていう風だと誰もついていかない。そういう選手は辞めた後、人生が大変なことになる。グループでやっていける選手は引退後も社会に出ても大丈夫なんです」

平井は自分には選手の人生に一定の責任があると考えている。

「ぼくたちは選手の一番多感な時期を預かっているんですから」

この手法に確信を持つようになったのは、やはり北島だった。

北島が高校生のときだ。カメラメーカーに勤める日本水泳連盟の人間が水中カメラで選手の映像を撮影していた。ある日、平井はその男から「北島は礼儀正しくていい、大したもんだ、いい教育しているね」と褒められた。

「康介は〝ありがとうございます、非常に役に立っています〟とか、礼を言っていたんでしょう。康介からそう言われれば、また撮影してあげようという気になりますよね。康介が褒められるということは、他の選手がそんな当たり前のことをしていないということ。トレーナーたちも康介に関しては、何でもやってあげたいという風だった。ありがとうございますという感謝の言葉を伝えることで、周りを動かすことができるのも、水泳選手にとって必要なことなんです」

だからこそオリンピック前、彼の周りに「チーム北島」が自然に出来るようになった。

「みんなが彼に活躍して欲しいと思っていた。だから長く第一線でやることが出来たんです」

個人スポーツも極めれば、人を巻き込むという集団スポーツ的なＳＩＤが必要となるというのが平井の考えだ。

◉〝個〟と〝起業〟

強烈な個が周囲を巻きこみ、その渦を大きくしていくというのは、ベンチャービジネスに近い。

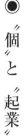

起業家たちはみな個性的である。彼らの人生を描いた評伝――ビジネス成功譚には時々、スポーツが顔を覗かせている。

Ｆａｃｅｂｏｏｋの創設者であるマーク・ザッカーバーグの評伝『フェイスブック　若き天才の野望』にはこんな一節がある。彼がハーバード大学の寮で生活していた時代の描写である。

〈２年前にハーバード大学に提出した願書の履歴欄には、高校で得た優等の記録が書ききれないほどだった。彼は数学、天文学、物理、古典言語で優等を取っていた。さらにフェンシング・チームのキャプテンであり、最も優秀な選手だった〉

フェンシングという個人スポーツで突出し、なおかつ組織をまとめていたのだ。長州力と同じである。そして、彼は寮の同室の仲間たちと事業を始めることになった。

〈この３階の続き部屋のウサギ小屋のような狭さのおかげで、４人の間にはもっと広いスペースを与えられていたらありえなかったような親密さが生まれた。ザッカーバーグは生まれつき無遠慮――ある意味で残酷なほど正直だが、これはおそらく母親譲りだろう。普段のザッカーバーグはもの静かだったが、リーダーの資質を備えていた。なにしろ新しく物事を始めるのはいつも彼だった。なんでも包み隠さず率直に言うのがこの部屋ではあたり前だった。互いに秘密はほとんどなかった。それでも4人がうまくやって行けたのはお互いの立場をよく知り、理解していたからだ。4人は遠慮なくお互いのプロジェクトに口を出し合った。いろいろなプロジェクトの中で、インターネットが一番長く続くテーマだった〉（『フェイスブック　若き天才の野望』）

これがFacebookに繋がることになる。

アマゾンのジェフ・ベゾスの評伝にも、ほんの少しだけスポーツが出て来る。ベゾスが宇宙飛行士を夢見、プログラミングなどに熱中する子どもだった時代のことだ。

〈そのころ両親は、ベゾスが頭でっかちになるのではないかと心配していた。だから、人間が丸くなるように、また、（※引用者注　育ての親である）ジャッキー・ベゾスの言葉を借りれば「自分の弱みともうまくつきあえるように」とさまざまなスポーツをやらせた。野球でピッチャーをしたときには、コントロールがあまりにも悪かったので、フェンスにマットレスをくくりつけて独習しなければならなかった。しぶしぶながらフットボールもしたことがある。下限ぎりぎりの体重しかなかったが、さまざまなプレーパターンとそのとき誰がどこにいなければならないのかをすべて覚えることができたので、チームのコーチからディフェンシブキャプテンに任命された〉（『ジェフ・ベゾス　果てなき野望』）

ポジションの記載はないが、攻撃をまとめる存在だったのだろう。ただしベゾスは、「フットボールなんて、ぜんぜんやりたくなかったわけですよ。タックルで倒されるスポーツなんて御免です」とも本の中で語っている。

テスラのイーロン・マスクの評伝には、スポーツに熱中したという類の話は出てこない。南アフリカで少年時代を過ごした彼は、飛び抜けて優秀ではなく「おとなしく目立たない生徒」であったという。そして度重なるいじめに遭ったと書かれている。

〈米国では、エステス社の固形燃料推進型ロケット模型が愛好家の間で人気だが、当時の南アフリカにはそういう科学模型がなかったから、マスクは自ら化合物を作って容器に詰めていた。

「火薬の基本原料は硝石と硫黄と木炭。強酸性物質と強アルカリ性物質を混合すると、大きなエネルギーが放出される。粒状の塩素を車のブレーキ液に混ぜたときは、それはもうすごいことになった。危うく両手の指が吹っ飛ぶところだった」とマスク。

刺激的な遊びは続いた。服を何重にも着込み、ゴーグルを装着して空気銃で撃ち合うこともあった。オフロードバイクでレースをしたときは、（※引用者注　マスクの弟の）キンバルがハンドル操作を誤り、放り出されて有刺鉄線に激突したこともある〉（『イーロン・マスク未来を創る男』）

電気自動車メーカーを起業するマスクは、早い時期から、自動車、そしてオートバイというモータースポーツに興味を示していた。彼がどこまで没頭したか定かではないが、オートバイレースも徹底した個人スポーツである。

禅やヒッピーという〝文化系〟の印象が強い、アップルのスティーブ・ジョブズの評伝にもごく僅か、スポーツが出て来る。それはもう一人のアップルの創設者、スティーブ・ウォズニアックとの出会いのきっかけ、である。

〈マッカラム先生の授業を取っていたとき、ジョブズはひとりの卒業生と知り合った。当時から「天才だ」と伝説になっており、また、マッカラム先生にとっても歴代トップのお気に入りだった少年――スティーブ・ウォズニアックである。5歳年上で、彼の弟がジョブズと同じ水泳チームにおり、エレクトロニクスについてはジョブズなど足元にもおよばないほど詳しかった〉（『スティーブ・ジョブズ』）

ジョブズは個人スポーツの水泳をやっていたのだ。強い〝個〟、煉瓦を積み上げて物事を進めてきたのには、水泳のSIDが関係している、と見るのは考え過ぎか。

ちなみにウォズニアックの父親はエンジニアであり、カリフォルニア工科大学時代、アメリカンフットボールのクォーターバックであった。ただし、息子のウォズニアックは後者の資質ではなく、前者のギーク――コンピューターに詳しい奇人――を色濃く引き継ぐことになった。

◉時代が求めるSID

繰り返しになるが、人間の環境には変数が多く、明確なSIDの影響があるとは言い切れない。ただ、こうして見ていくと一定の傾向はあることがわかる。SIDという補助線を引くと、その人間を多少深く理解する、あるいはその行動を許容することも出来るだろう。

そして、これまで見てきたように、SIDは生まれつきの先天的な資質であり、同時に環境によって後天的に身につくものでもある。

「はじめに」にも記したように、戦後の日本においては、男子は野球、女子はバレーボールという集団競技が盛んだった。そのＳＩＤは日本社会に合っていたのだとも言える。特に野球である——。

少し前、野球関係のシンポジウムに呼ばれたことがある。その中で、ある元プロ野球選手は熱心にこう語った。少年野球の競技人口が急速に減っている、そのために自分は小学校を回って草の根の運動をしているのだ、と。

ぼくは彼の話を聞きながら、釈然としなかった。少子化で子どもの数が減っている。そして競技の選択肢が増えている。競技人口が減るのは当然だろう。

「野球人口が減ることって、本当に困ることですか？」

思わず、ぼくは口を挟んだ。すると彼は、えっ、何を聞くのだと目を丸くした。意思疎通のできない地球外生物と出会ったような顔だった。そこでぼくは自分の考えを伝えた。

少子化で若年層の人口は減っている。にも関わらず、大谷翔平選手のように次々と才能のある選手が出てきている。競技人口の減少の中、野球界は量から質に向かっているのではないか。そもそも野球の人気が高すぎたことは、日本のスポーツの一つの問題だった。かつては運動能力が高く、躯の大きな子どもは当たり前のように野球を選んでいた。しかし、厳しい上下関係や長時間の練習が嫌で競技自体を辞めてしまう人間も少なくない。中には他のスポーツを選んでいればオリンピックに出場、あるいはアスリートとして才能を開花させた人間もいたかもしれない。野球ほど人材を潰してきたスポーツはないのではないか。

野球には無駄な練習時間がきわめて多いと指摘したのは、前章の井上透だった。本書では、投手、打者、野手、捕手とＳＩＤを細かく分類したが、（日本）野球という競技自体に共通のＳＩＤも存在する。それは、仲間と歯を食いしばって、理不尽な、そして長時間の練習を耐えてきたことだ。野球界にはそうでない指導者もいる。しかし、その数は僅か、だ。小学校から始め、中学校、高校、さらに大学やプロまで野球を続けた人間は必ず、長時間の練習を是とする指導者に当たっているはずだ。彼らはそれを右から左へと流す術を身につけている。

だからこそ野球は長らく日本の大衆スポーツでありえたとも言える。野球は日本社会の映し絵でもあったからだ。

野球部に入部したばかりの新入生は、球に触ることさえできず、先輩たちの練習を見守りながら、ひたすら声を出す。年功序列というしきたりを叩き込む以外、野球の技量上達には何の意味もない。それどころか貴重な時間を無駄にするだけだ。厳しい上下関係、長時間かつ、効率の悪い練習で〝ふるい〟にかけて、〝精神〟を鍛える。

度々本書で取り上げたエリクソンの〝限界的練習〟とは異なる、合理性のない限界的な練習である。

人口が右肩上がりに増え、ふるいにかけることのできる子どもが次々と出てくるのならば、この手法も継続できるだろう。しかし、今の日本はそうではない。そして、野球は道具購入、遠征など費用がかかる。親たちは野球の非効率性を漠然と感じ取っているはずだ。だからこそ、野球は敬遠されがちになった。

そしてもう一つ——。かつての野球のＳＩＤ的なものが世の中で必要とされなくなっている。高校の野球部で丸坊主に刈り込まなくてはならないことに象徴される没個性の強要が社会に合わなくなってきた。

ただ、野球界の内部が変わりつつあることも事実だ。そうでなければ、大谷翔平のような二刀流の選手は現れなかっただろう。もし、大谷翔平が八〇年代に現れていたならば、どちらかに〝矯正〟され、伸びやかな若芽は刈り取られていた可能性が高い。野球界において、最も〝個〟が強い投手のＳＩＤを持つ大谷が二刀流を貫くことが許される土壌が出来ていることは喜ぶべきだ。

個と集団の最適解を見つけるのは難しい。

ラグビーの宿沢広朗が早すぎる晩年、登山で自己発散していたことはすでに触れた。彼は日本代表監督などを務めながら、ラグビー協会との軋轢があった。

佐山サトルの章で、個人スポーツのＳＩＤは気に入らない他者の排除に繋がりやすいと書いた。一方、集団スポーツのＳＩＤの弊害は、ぬるま湯の身内意識と事なかれ主義だろう。強い〝個〟の宿沢が、そうした組織に距離を置くようになったことは想像できる。

長州力のようにプロレスラーたちは個人スポーツでありながら、上手く手を結んでいる。彼らは時に反発することがありながらも、互いを利用する。日本においては、という但し書きがつくが、〝個〟を貫き相手を叩き潰す格闘家よりも、プロレスラーは金銭的に恵まれた環境を作ってきた。佐山サトルの系譜にいる総合格闘家のほとんどは現役時代から、〝本業〟で生活することが不可能だ。那須川天心のような選手はごく一部である。北島康介のコーチである平井伯昌が強調したように、個人スポーツであっても長く第一線に踏みとどまるためには、自分を支えてくれる集団が重要になってくる。

集団スポーツのＳＩＤにも〝個〟が、個人スポーツのＳＩＤにも〝集団〟が必要であるのだ。

あとがき

ぼくの仕事、文章を書くことは個の作業である。出版社を辞めてから、集団や組織を意識する機会はほとんどなかった。

数少ない例外の一つが、二〇一一年二月に後楽園ホールを借り切ったプロレス興行である。これは元大相撲力士でありプロレスラーの安田忠夫氏と知り合ったことから始まった。日本で行き場を失った彼をブラジルへ連れて行き、現地で相撲を教える資金を作るためだった。その詳しい顛末は『真説・長州力』を参照して欲しい。

ともかく、ぼくは全く経験がないにも関わらず、興行を仕切ることになった。そのとき、手助けをしてくれたのが、当時ぼくが教えていた早稲田大学の学生たちだった。彼らは友人を呼び、手分けして運営を手伝い、チケットを売ってくれた。みな手弁当——ボランティアである。

ぼくが教えていたのがスポーツジャーナリズムだったこともあり、集まった学生たちのほとんどはスポーツに興味があった。そこでぼくはこう言った。今回のチームでぼくはサッカーの9番——ストライカーのようなものだ。ぼくが点を取る、つまり自由に動けるように支えて欲しい。7番や11番のように、派手な動きをする人間もいれば、サイドバックのように周囲を和ませる、あるいはイビチャ・オシム元日本代表監督の言葉のように、水を運ぶ選手——他人のために汗を掻く人間も必要である。このチームの中で自分がどんなポジションにいるのか、意識して欲しい。

この頃、プロレス人気は底辺に落ち込んでいた。各団体が集客に苦戦している中、素人が満足に興行を運営できるはずがないという冷ややかな視線があった。確かに興行の二週間ほど前までチケットの動きは悪く、ぼくは個人で赤字を被ることも覚悟した。ところが、蓋を開けてみると、当日券を求める人が列を作り、後楽園ホールは満員となった。後楽園ホールの人間は、こんなに熱のある興行は久しぶりのことですと、声を弾ませた。短期間にそれなりの組織になったのは、それぞれが役割を意識してくれたからだった。

ちなみに、ぼくがこのチームで「10番」に指名したのは丹野裕介だった。彼はこのチームに後から加わった人間だったが、彼に「10番」を任せるべきだとぼくは判断した。彼は現在、Ｔｒｙｆｕｎｄｓという数百人の社員を抱える企業を率いている。誰をどこに当てはめるか――ぼくは子どもの頃からやってきたサッカーは、組織を組み立てる訓練になっていたのだと思った。


この引退興行のような例外を除けば、ぼくたち物書きは、担当編集者や写真家など、ごく限られた人間関係で動いている。編集者には原稿の方向性を相談する他、資料検索、取材の手配などを手伝ってもらう。

この編集者をぼくは二つに分類している。

まずは雑誌的編集者である。

勢いのある雑誌とは編集長を中心として、編集部員、外部の書き手たちが有機的に動き、それぞれの役割を果たしているものだ。締切に向かって、みなで力を合わせながら一つの雑誌を作っていくことに力を発揮する種類の編集者がここに入る。

もう一つは書籍的編集者だ。

ぼくの場合、単行本だと短くても半年強、長い場合は数年間の取材時間をかけ、原稿執筆に入る。中長編の場合、根を詰めて一気に書くことは不可能である。長距離ランナーのように、毎日少しずつでも書き進めることが大切だ。書籍の編集者はその伴走者である。書籍的編集者は自分の信じた作家を世に知らしめたいという一点突破を得意とする。使い古された表現になるが一匹狼的な人間が多い。

両方を高い水準でこなす編集者もいるが、ぼくの経験ではどちらかに秀でている人が多い。その性質から推察される通り、前者は集団スポーツ、後者は個人スポーツのＳＩＤである確率が高い。

もっとはっきりした傾向があるのは、写真家だ。写真家はファインダーを覗き、構図、光の加減、隅々にまで神経を配る。そして、撮影後は、細かな修正を入れて納得のいく作品に仕上げていく。時に編集者やクライアントと摩擦を起こしても自らの表現に拘る。彼らには個人スポーツ、中でも格闘技経験者が目に付く。

本書のきっかけとなったのは、『全身芸人』という単行本だった。

これは滅びつつある、狂気を孕んだ年老いた芸人たちのルポルタージュで、『実話ナックルズ』

という月刊誌の連載「絶滅芸人」が元になっている。

取材は難航した。

掲載誌を理由に何度も断られた。中でも、浅香光代さんの夫、世志凡太さんは「うちの浅香に対して〝絶滅〟とはなんだ」と電話口で激怒した。そんなとき、すぐになだめに走ったのが、担当編集者の中山智喜君だった。

『実話ナックルズ』という物議を醸し続けてきた雑誌に所属していたこともあるだろう、彼は激昂する相手の話を聞き、頭を下げることを厭わなかった。

そんな中山君はラグビー部出身、ポジションはフォワードのフランカーである。彼がいなければこの企画は成立しなかった。また、この連載及び単行本の深みある写真を撮影した、関根虎洸さんは元プロボクサーだ。

連載の単行本化を担当してくれた太田出版の村上清さんは、ぼくたちの〝役割分担〟を面白がってくれた。そして村上さんとの雑談の中から、この本が始まったのだ。

村上さんは雑誌編集部に所属していた時期もあるが、長く単行本を担当している。ちなみに、村上さんはスポーツ経験がない。音楽などのいわゆるサブカルチャー畑で個を磨いてきた人間である。

ぼくはこの本の取材、執筆をしながら各社の担当編集者とSIDについて話をした。その中の一人、『KAMINOGE』の編集長、井上崇宏さんはああ、わかりますと頷いた。井上さんはラグビー部出身で雑誌の編集者である。本来は集団スポーツのSIDのはずだが、そこから外れている人なんですね、と冗談まじりにぼくが言うと彼は真顔になった。そして「実は、自分はずっとラグビー部というのに違和感があったんですよ」と切り出した。

「『ＫＡＭＩＮＯＧＥ』は雑誌なんですれど、今は一人で全部やっているんですよ。一人になってみたら、こんなに楽なんだって思いました。田崎さんの話を聞いて、自分は本来、個人スポーツのＳＩＤだったんだと腑に落ちました」

組織を作ることで自分が楽になる人間もいれば、そうでない人間もいる。生きづらさを感じたとき、ＳＩＤは一つの参考になるだろう。

ぼくはサッカーのＳＩＤを持っていると書いた。ただ、格闘技を今も続けているのは、短時間で効率的に躯を追い込むことができるのに加えて、他人との関係を気にせず練習時間のみ切り出すことが出来るからだ。執筆で仕事場や自宅に籠もりがちのぼくにとって、格好の気分転換となる。物書きの資質の一つは、原稿に没頭しているとき、それ以外のことが全く気にならないことだ。孤独への耐性である。その意味で個人スポーツに近い。

作家は最終的には書いたもので評価される、全ての責任を自分が背負うことも個人スポーツと同じだ。自己分析するならば、ぼくは元々、個人スポーツのＳＩＤだった。サッカーをやることで集団スポーツにも馴染むようになった。フォワードがその中で居場所になった。

繰り返しになるが、個人スポーツと集団スポーツのＳＩＤはあくまで傾向と特性の区分であり、優劣をつけるものではない。そのため本書では敢えて、ＳＩＤをわかりやすいキーワード化、類型化することを避けた。わかりやすさは陳腐化に繋がり、こぼれ落ちるものが多くなるからだ。

またバスケットボールなどには触れておらず、女子アスリートも取り上げなかった。自分の不慣れな分野に踏み込むよりも、ＳＩＤの概念をきちんと説明すべきだと考えたからだ。これらの分野でも、ＳＩＤという補助線を引くことで見えてくるものがあるだろう。詳しい人がＳＩＤをふまえて論じてもらえれば光栄だ。

この本は最後まで粘り強く伴走してもらった担当編集者の村上さんの他、多くの人に助けてもらった。

原稿の一部は『プレジデントオンライン』で先行公開した。担当編集者の小倉宏弥君（卓球）には、様々な意見をもらった。

最後に協力者の名前を記しておきたい。

中込勇気（テニス、ダンス）、足立名津美（空手）、松永大地（水泳）、横山由希路（卓球）、李淳馹（ラグビー）、中村裕（ラグビー）、鬼木真人（ラグビー）、谷口正人（陸上）、平良尚也（野球）、小山武明（ゴルフ）。

＊順不同、敬称略。カッコ内は経験スポーツ

二〇二〇年五月　新型コロナによる緊急事態宣言下の東京にて

田崎健太

本文中では敬称を略させていただきました。

◉参考文献（順不同）

『ストライカーを科学する』松原良香　岩波書店　2019年
『道ひらく、海わたる　大谷翔平の素顔』佐々木享　扶桑社　2018年
『ラグビーをひもとく』李淳馹　集英社　2016年
『超一流になるのは才能か努力か？』アンダース・エリクソン、ロバート・プール　訳：土方奈美　文藝春秋　2016年
『天才を作る親たちのルール』吉井妙子　文藝春秋　2016年
『ぼくらの身体修行論』平尾剛・内田樹　朝日新聞出版　2015年
『プロ野球 最強のエースは誰か』野村克也　彩図社　2014年
『日本レスリングの物語』柳澤健　岩波書店　2012年
『野村ノート』野村克也　小学館　2005年
『イチロー・インタヴューズ』石田雄太　文藝春秋　2010年
『脳ブームの迷信』藤田一郎　飛鳥新社　2009年
『見抜く力――夢を叶えるコーチング』平井伯昌　幻冬舎　2008年
『宿澤広朗　運を支配した男』加藤仁　講談社　2007年
『〈勝負脳〉の鍛え方』林成之　講談社　2006年
『瀬古利彦　マラソンの真髄』瀬古利彦　ベースボールマガジン社　2006年
『南米サッカーのすべて』クリストファー・ヒルトン、イアン・コール　訳：野間けい子　大栄出版　1998年
『野球術』ジョージ・F・ウィル　訳：芝山幹郎　文藝春秋　1997年
『必死の力・必死の心』黒崎健時　スポーツライフ社　1979年
『やったるで！』金田正一　報知新聞社　1965年
『イーロン・マスク　未来を創る男』アシュリー・バンス　訳：斎藤栄一郎 講談社　2015年
『ジェフ・ベゾス　果てなき野望』ブラッド・ストーン　訳：井口耕二　日経ＢＰ　2014年
『フェイスブック　若き天才の野望』デビッド・カークパトリック　訳：滑川海彦、高橋信夫　日経ＢＰ社　2011年
『スティーブ・ジョブズ』ウォルター・アイザックソン　訳：井口耕二　講談社　2011年
『ベースボールマガジン』ベースボール・マガジン社　2013年7月号
『週刊ベースボール』ベースボール・マガジン社　2012年10月19日号
「スポーツ活動と昇進」日本労働研究雑誌　2009年
「体育活動中における事故の傾向について」日本スポーツ振興センター　2017年
「学校の管理下における突然死の現状」日本スポーツ振興センター　2012年

『ドラヨン』田崎健太　カンゼン　2019年
『ドラガイ』田崎健太　カンゼン　2018年
『ドライチ』田崎健太　カンゼン　2017年
『真説・佐山サトル　タイガーマスクと呼ばれた男』田崎健太　集英社インターナショナル　2018年
『真説・長州力 1951-2015』田崎健太　集英社インターナショナル　2015年
『球童　伊良部秀輝伝』田崎健太　講談社　2014年
『維新漂流　中田宏は何を見たのか』田崎健太　集英社インターナショナル　2013年

田崎健太（たざき・けんた）
1968年3月13日京都市生まれ。ノンフィクション作家。早稲田大学法学部卒業後、小学館に入社。『週刊ポスト』編集部などを経て、1999年末に退社。著書に『W杯に群がる男たち―巨大サッカービジネスの闇―』（新潮文庫）、『真説・長州力 1951-2018』（集英社文庫）、『偶然完全 勝新太郎伝』（講談社）、『維新漂流 中田宏は何を見たのか』『真説・佐山サトル』（集英社インターナショナル）、『球童 伊良部秀輝伝』（講談社 ミズノスポーツライター賞優秀賞）、『電通とFIFA サッカーに群がる男たち』（光文社新書）、『ザ・キングファーザー』『ドライチ』『ドラガイ』『ドラヨン』（カンゼン）、『全身芸人』（太田出版）など。

ブックデザイン　三村 漢（niwa no niwa）
編集　村上 清

スポーツ・アイデンティティ
どのスポーツを選ぶかで人生は決まる

2020年5月30日初版第1刷発行

著　者　田崎健太
発行人　岡聡
発行所　株式会社太田出版
160-8571
東京都新宿区愛住町22　第3山田ビル4F
電話 03(3359)6262
振替 00120-6-162166
ホームページ http://www.ohtabooks.com
印刷・製本　中央精版印刷株式会社

ISBN978-4-7783-1701-0　C0095